Brennpunkt

NEUE AUSGABE

SELF-STUDY BOOKLET

CLAIRE SANDRY · JUDY SOMERVILLE
PETER MORRIS · HELEN ABERDEEN

D1514516

Nelson

Nelson
Delta Place
27 Bath Road
Cheltenham
GL53 7TH
United Kingdom

This edition first published by Nelson 2000

ISBN 0-17-449085-2
9 8 7 6 5 4 3 2 1
03 02 01 00

Printed in Europe

Commissioning: Clive Bell
Development: Rachel Giles
Editorial: Marieke O'Connor
Language check: Marion Dill
Editorial assistants: Ena Pedersen and Alexandra Webster
Production: Gina Mance
Cover design: Eleanor Fisher
Concept design: Pentacor plc
Produced by AMR

Illustration: Art Construction, David Birdsall and Shaun Williams

Acknowledgements

'Desperado' from *Udo Lindenberg/Horst Königstein*, lyrics from *Neue Welt Musikverlag GmbH*, page 2; 'Phone-in' from *BRAVO 42/90 'Ich hasse meinen künftigen Stiefvater' aus 'Sprich Dich aus…'*, page 4; 'Die sanfte Kraft' from *Bauknecht Hausgeräte GmbH*, page 5; 'Wohnen im Alter' from *Bundesministerium für Raumordnung, Bauwesen und Städtebau*, page 5; 'Sportreporter' from *Materialien zur österreichischen Landeskunde für den Unterricht: Deutsch als Fremdsprache* by Eva Jeran et al., *Jugend und Volk Verlaggesellschaft GmbH*, page 6; 'Kopf-Gymnastik' from *JUMA*, page 6; 'Urlaubscheckliste' from *HR3, 3/6/92, Hessischer Rundfunk*, page 6; 'Algenpest' from *SWF 3 3/6/92, Südwestfunk*, page 6; 'Fit für Europa!' from *'EU – Freiwilligendienst' in X-mag 10/98*, page 8; 'Studium im Ausland' from 'Mit Erasmus ins Ausland' *aus Tips zu Bildung und Ausbildung*, page 9; *Europäische Kommission*, 'Die Wortwahl bei der Bewerbung' from *Start 1/98*, page 9; 'Musik aus der Türkei' adapted from the *Educational*

Guardian November 1994, page 10; 'Die Mühe lohnt sich' adapted from *Juma Edition 4/1998*, page 10-11; 'Bertolt Brecht – Biographie' adapted from *Aktuell Sept./Oct. '97 and March '98*, page 11; 'Leben Vegetarier länger?' abridged from internet article of same name from *Natur Media GmbH*, page 12; 'Teufel Alkohol' from internet article *Teufel Artikel* from *taz Bremen Nr. 5643 vom 24.9.1998*, page 12; 'Stress' abridged from *'Reise ins Ich'* from *Junge Zeit 5/93*, page 13; 'Das Verschwinden einer Tochter' abridged from *Südwestfunk, page 13*; 'Eine Frage des Budgets' abridged from *'Tips für Schulabgänger' Winter 1998, Bonner Presse Verein*, page 14; 'Wahnsinnsreportage!' from *RTL Köln: Guten Morgen Deutschland from 4.6.92*, page 15; 'Leben von der Hand in den Mund' in *Berliner Morgenpost vom 25.5.98*, page 15; 'Hilfe für die Armen von Guatemala' from *'Sauberes Wasser, Gesundheit, Menschenrechte' in 'Misereor Projektpartnerschaft 1998' from Misereor Medienproduktion, Aachen*, page 15; 'Weihnachtsgeschenke' adapted from *'Eigener Fernseher steht ganz oben auf der Kinder-Wunschliste'*, from *Associated Press, Yahoo Schlagzeilen 9.12.98*, page 16; 'Werbetricks' from *AOK*, page 17; 'Was in der Zeitung steht' by Reinhard Mey from *Die Zwölfte Intercord*, lyrics *Maikäfer Verlag*, page 17; 'Mit Vollgas weiter' from *Greenpeace Austria*, page 18; Aufbäumen gegen die Autobahn' article from *Bund für Umwelt und Naturschutz Deutschland (BUND)*, page 18; 'Von der Schule zum Zukunftszentrum' from *Unicum Abi*, page 19; 'Ein Auto für die Umwelt!' from *Opel*, page 19; 'Greenpeace handelt!' from *Greenpeace*, page 19; 'Sprachkurse fördern Integration' from *Deutsch aktuell 17/2/99*, page 21; 'Der Kampf um Gleichberechtigung' adapted from *TAZ 3/8/99*, page 21; 'Über die kleine Holzbrücke' from *Braunschweiger Zeitung, 2/10/93*, page 23; 'Die Macht des Wählers' cartoon from *Peter Leger*, page 24; 'Durch Brutalität auf dem Bildschirm beeinflusst' from *Zeitlupe 31*, page 26; 'Hinter den Statistiken' from *Datenreport 1997. Zahlen und Fakten über die Bundesrepublik Deutschland*, page 26; 'Der Staat kann nicht alles' from *Focus, 12/5/97*, page 27; 'Alkohol' song from *Herbert Grönemeyer*, page 27; 'Modellversuch zur Heroinabgabe' from *Stuttgarter Wochenblatt, 20.5.98*, page 27; 'Das deutsch-polnische Jugendwerk' from *Deutsche Welle, 13/11/91*, page 28; 'Im Barossa-Tal' photos, text, advertisement and map from *Jugendscala, 3/88*, pages 28-29; 'Deutsche in Australien' from *Some Information on South Australian German History*, page 29; 'Gen-Mais-Verbot' from *GreenpeaceGermany website, Mediziner warnen vor eingebauten Antibiotika-Resistenzen'*, page 30; 'Wie ein Baum, den man fällt' poem by *Reinhard Mey*, page 31.

Picture research by Zooid Pictures Ltd. Photos: page 2, Reuters Newmedia Inc/Corbis UK Ltd.; page 6, Yaghobzadeh/Rex Features; page 10, Dave Bartruff/Corbis UK Ltd.; page 18, Adrian Arbib/Corbis UK Ltd.; page 19, Kevin Fleming/Corbis UK Ltd.; page 20, James L. Amos/Corbis UK Ltd.; page 22, Bettmann/Corbis UK Ltd.; page 23, Hulton-Deutsch Collection/Corbis UK Ltd.; page 24, Rex Features; page 26, Waltraud Grubitzsch Zentralbild/Deutsche Presse Agentur; page 31, Liba Taylor/Corbis UK Ltd. Photo on page 4 by AMR. All other photos by David Simson.

Contents

1 Wer sind wir?

Was macht Menschen erwachsen?

(Siehe Seite 4-5 von Brennpunkt.)

1 🎧 **Wer denkt was?**

Schauen Sie sich Texte 1-8 auf Seiten 4-5 an. Hören Sie sich die 12 Sätze an.
Wer denkt was? Jeder Satz passt zu einem Text.
z.B. Als Kind hatte ich nur selten eine eigene Meinung = Verena.

2 🎧 **Unsere Sprache: Das deutsche ‚r' und Zungenbrecher**

- Wiederholen Sie die Wörter und Ausdrücke auf der Kassette, bis sie richtig klingen. Erfinden Sie dann andere Zungenbrecher mit dem deutschen ‚r'.
- ‚Schwyzerdütsch'. Hören Sie sich das Beispiel ‚Schwyzerdütsch' oder Schweizerdeutsch an. Wenn Sie es nicht verstehen, schauen Sie sich das Transkript an.

Grammatik: das Präsens

(Siehe Seite 6 von Brennpunkt.)

3 🎧 **Desperado**

Udo Lindenberg singt das Lied ‚Desperado' über einen alten Cowboy, der jung bleiben möchte. Hören Sie sich das Lied an und füllen Sie die Lücken mit der richtigen Form der Verben aus.

> Desperado, du (a) .... nun schon seit Jahren
> Allein und verloren durch die Prärie
> So hart und rastlos (b) .... du auf der Suche
> Doch hier in der Einsamkeit (c) .... du dich nie.
> Du (d) .... dein Pferd die Hügel hoch
> In den Canyons (e) .... dein Echo
> Was du (f) ...., das (g) .... nur du allein
> Das nächste Tal kann noch grüner sein
> Und dahinter (h) .... Gold im Sonnenschein
> Vielleicht (i) .... das endlich dein El Dorado
> Desperado, du (j) .... dich, und du (k) .... nicht jünger
> Schmerzen und Hunger (l) .... dich bald
> Freiheit, Freiheit, so (m) ....'s die anderen
> Doch für dich (n) ....'s zum Gefängnis
> Darin (o) .... du schwach und alt.

wissen	treiben	sich belügen
suchen	reiten	sein
hängen	werden	nennen
werden	finden	sein
brechen	werden	glänzen

4 🎧 Werbespots

Sie hören hier drei Werbespots. Wie viele Verben im Präsens hören Sie? Schreiben Sie sie auf.

Was dürfen deutsche Jugendliche wann?
(Siehe Seite 8-9 von Brennpunkt.)

5 Definitionen

Lesen Sie den Text auf Seite 8 des Schülerbuchs noch einmal. Schlagen Sie dann das Buch zu. Welche Wörter oder Ausdrücke im Text passen zu den folgenden Definitionen?

a Militärdienst = W _ _ _ p _ _ _ _ _ t
b durch die Zensur erlaubt = f _ _ _ g _ _ _ _ _ n
c alt genug, seine Religion zu wählen
= r _ _ _ _ _ _ _ m _ _ _ g

d Dienst, z.B. in einem Krankenhaus statt bei der Armee
= Z _ _ _ _ d _ _ _ _ t
e für alle Verbrechen verantwortlich
= s _ _ _ _ m _ _ _ _ g
f mit 18 legal erwachsen = v _ _ _ j _ _ _ _ g
g erwachsen = r _ _ f
h normalerweiser nicht
= n _ _ i _ A _ _ _ _ _ _ _ f _ _ _ n

Grammatik: Modalverben
(Siehe Seite 10 von Brennpunkt.)

6 🎧 Erwachsene

Was erwartet man von Erwachsenen? Hören Sie gut zu und füllen Sie die Tabelle aus.

Erwachsene müssen …
Erwachsene dürfen …
Erwachsene können …

Zum Lesen
(Siehe Seite 63 von Brennpunkt.)

7 Stroh-Blumen-Kinder

Finden Sie im Text Sätze die zu den folgenden Schlüsselpunkten passen.

a wie ähnlich die Generationen sind
b was anders ist
c Konversationsthemen
d Shopping statt Zukunft
e (zu) schnelles Erwachsenwerden

Eindruck machen!

(Siehe Seite 12 von Brennpunkt.)

1 Wie wichtig ist das Aussehen?

Füllen Sie die Lücken mit den deutschen Wörtern für *a(n)* oder mit Adjektivendungen aus.

Wie wirkt man attraktiv? Wie macht man ..... gut..... Eindruck? Na klar, es gibt kein einzig..... Rezept. ..... gepflegt..... Aussehen ist oft wichtig, aber viele Leute haben witzig..... Klamotten oder ..... ganz seltsam..... Haarschnitt und wirken trotzdem attraktiv. Es kann völlig egal sein, ob man ..... schön..... Körper hat oder nicht. Freundlich..... Augen und ..... sympathisch..... Lachen spielen oft ..... wichtiger..... Rolle.

Die Tür ist offen

(Siehe Seite 15 von Brennpunkt.)

2 ⌒ Phone-in

Hören Sie sich dieses Phone-in an, in dem ein Mädchen über ihren künftigen Stiefvater spricht.

Achtung!

Hören Sie sich zuerst nur Monikas Standpunkt an.

a Beantworten Sie die folgenden Fragen dazu auf Deutsch:

1 Woher kommt Monika? (1)
2 Was für ein Problem hat sie? (2)
3 Beschreiben Sie die Haltung ihres künftigen Stiefvaters. (2)
4 Wie benimmt sich Monikas Mutter jetzt? (3)
5 Wie war das Verhältnis zwischen Tochter und Mutter früher? (1)
6 Warum bittet Monika um Rat? (3)

b ✎ Versuchen Sie jetzt Monika einen Rat zu geben. Schreiben Sie ihr einen Brief von ca. 120 Wörtern, in dem Sie mögliche Lösungen vorschlagen.

c Hören Sie jetzt, wie das Dr.-Sommer-Team Monika antwortet. Beantworten Sie die folgenden Fragen auf Englisch:

1 What does Dr. Sommer suspect that Monika feels about her future stepfather? (1)
2 Why in his view should Monika not worry? (1)
3 In what respect does the counsellor agree with Monika? (1)
4 What in his view should Monika try to understand? (1)
5 What constructive solution does he recommend? (1)
6 What is his view of the stepfather's behaviour? (2)

Die Ehe - eher nicht?

(Siehe Seite 17 von Brennpunkt.)

3 Gedächtnisübung!

Übersetzen Sie die folgenden Ausdrücke ins Deutsche, <u>ohne</u> sich Seite 17 anzusehen! Achtung bei ,u' und ,ü'!

1 They are untidy and never punctual.
2 They are obsessed with cleaning.
3 They don't like going to the doctor.
4 They are too indecisive.
5 They don't talk about their jobs enough.
6 They are on the phone too long.

4 🎧 Unsere Sprache - wie man ,u' und ,ü' ausspricht

a Hören Sie sich die Kassette an. Wiederholen Sie die Wörter und Ausdrücke, bis sie richtig klingen.

b Welche Wörter haben einen Umlaut? Hören Sie sich die Kassette noch einmal an und schreiben Sie die Wörter und Ausdrücke auf.

c Sehen Sie sich die Lösung für Übung 3 auf Seite 49 an. Lesen Sie die Lösungen laut vor. Vergleichen Sie nach jeder Lösung Ihre Aussprache mit der Kassette.

Neue Väter hat das Land!

(Siehe Seite 18 von Brennpunkt.)

Die <u>neue</u> Bauknecht-Waschmaschine.
Die sanfte Kraft.

Ⓑauknecht

5 Erziehungsurlaub ist auch Männersache!

✎ Sie arbeiten für das Familienministerium in Deutschland. Sie wollen, dass mehr Väter Erziehungsurlaub nehmen. Schreiben Sie einen Artikel (von ca. 120–150 Wörtern) für eine Männerzeitschrift, die

a die Vaterrolle schmackhaft macht;
b Informationen über den Erziehungsurlaub gibt.

Grammatik: Wortstellung

(Siehe Seite 19 von Brennpunkt.)

6 Wortstellung

Ordnen Sie die Wörter in der richtigen Reihenfolge. Beginnen Sie mit den fett gedruckten Wörtern und denken Sie daran, ein Komma zu setzen, wenn nötig.

a Kino meinen ich ins **Gestern** gegangen mit bin Freunden
b nicht ist die kaufen **Er** weil will zu sie Wohnung teuer
c Meinung dass **Ich** sollten den bin Jungen ersten der machen Schritt
d Hause sehe **Wenn** komme ich fern nach ich
e gekommen Mutter Heim ist **Weil** hat sie Andreas ins getrunken

Was wird aus der Familie?

(Siehe Seite 20 von Brennpunkt.)

7 🎧 Familienleben?

a Hören Sie sich die Kassette an und vergleichen Sie die Meinungen der Tochter und ihres Vaters, indem Sie eine vergrößerte Kopie dieser Tabelle ausfüllen.

	Die Tochter	Der Vater
1 Was will man am Wochenende machen?		
2 Wo sollte die Großmutter wohnen?		
3 Warum?		
4 Was sagt man über das Verhältnis zwischen Alten und Jungen?		

Wohnen im ALTER
…am liebsten zu Hause

b Stimmen Sie diesem Slogan oben zu? Machen Sie eine Liste der Vor- und Nachteile, wenn ein Großelternteil bei der Familie wohnt.

c Stellen Sie sich vor, Sie leben im Jahr 2040. Gibt es andere Vor- und Nachteile dieses Slogans?

③ Pause machen!

Was machen die Deutschen in ihrer Freizeit?
(Siehe Seite 22-23 von Brennpunkt.)

3 Kopfgymnastik

Sieben Freunde wollen sich zum Stammtisch verabreden. Das ist aber sehr schwierig. Die erste Person hat jeden Tag Zeit. Die zweite Person kann aber nur jeden zweiten Tag, die dritte jeden dritten Tag, die vierte jeden vierten Tag, die fünfte jeden fünften Tag, die sechste jeden sechsten Tag und die siebte jeden siebten Tag. Wann treffen sich alle zum Stammtisch?

Reisetrends bis zum Jahr 2020
(Siehe Seite 26-27 von Brennpunkt.)

4 🎧 Urlaubscheckliste

Lesen Sie den zerstückelten Text dieses Werbespots und schreiben Sie den Text in der richtigen Reihenfolge. Hören Sie sich dann die Kassette an. Hatten Sie recht?

- **a** Damit Sie beim Start in den Urlaub keine Panne erleben, hat Nescafé eine praktische Idee für Sie.
- **b** Da steht alles drauf, was Sie auf keinen Fall vergessen sollten, zum Beispiel ein Glas Nescafé, damit Sie auch im Urlaub nicht auf Ihren gewohnten Kaffeegenuss verzichten müssen.
- **c** „Karl-Heinz! Sofort umdrehen – ich hab was vergessen!"
- **d** Die Nescafé-Urlaubscheckliste.
- **e** Jetzt überall im Handel oder mit einem frankierten Rückumschlag direkt von Nescafé erhältlich – Postfach 100, 6000 Frankfurt.
- **f** Die Nescafé-Urlaubscheckliste.

1 🎧 Sportreporter

Sie hören einen Ausschnitt aus dem Kommentar zu einem österreichischen Fußballspiel. Wie sagt man „Goal!" auf Deutsch? Wie steht das Spiel am Ende des Ausschnitts?

2 🎧 Unsere Sprache: Wie spricht man ‚ch' richtig aus?

Wiederholen Sie die Wörter und Ausdrücke auf der Kassette, bis sie richtig klingen. Hören Sie noch einmal ‚Unsere Sprache' Kapitel 1 an. Wie spricht man ‚ich' in der Schweiz aus?

Alles wie im Reiseprospekt?
(Siehe Seite 28-29 von Brennpunkt.)

5 ‚Konfrontation der Interessen: Deutschland'

Lesen Sie den Text ‚Konfrontation der Interessen: Deutschland' auf Seite 28 von Brennpunkt mit Hilfe eines Wörterbuchs. Suchen Sie das passende deutsche Wort oder den passenden Ausdruck für jede der folgenden Definitionen.

- **a** Menschen, die Urlaubsreisen machen
- **b** die Westdeutschen
- **c** die Menschen, die in einem Ort leben
- **d** ein Gebiet, wo Konflikte bestehen
- **e** eine Landschaft aus Land und Meer
- **f** ein besonders schöner Ort
- **g** zahlreiche Menschen, die alleine sein wollen

6 ⌒ Algenpest

Lesen Sie den Zeitungsartikel rechts und schlagen Sie unbekannte Wörter im Wörterbuch nach. Es gibt fünf Fehler im Text. Hören Sie sich den Radiobericht auf der Kassette an und korrigieren Sie die Fehler im Zeitungsartikel.

Algenpest

Rensburg. Im ostfriesischen Wattenmeer bilden sich wieder große Algenteppiche. Greenpeace-Aktivisten machen die Überdüngung der deutschen Bucht dafür verantwortlich. In den vergangenen Monaten hatten die Algenteppiche das Leben in einigen Teilen der deutschen Bucht ausgelöscht.

Grammatik – das Imperfekt

(Siehe Seite 30 von Brennpunkt.)

7

Im Jahr 2056 schreibt ein/e Journalist/in über Freizeittrends in Deutschland um die Jahrtausendwende. Benutzen Sie das Imperfekt und die Informationen auf Seite 22 von Brennpunkt, um einen Bericht von nicht mehr als 125 Wörtern zu schreiben.

z.B.

> Vor allem **hörten** die Deutschen in ihrer Freizeit Musik und **sahen** fern. Laut Umfragen **gab** ein normaler deutscher Haushalt rund ein Fünftel seines Einkommens für die Freizeitgestaltung aus, usw.

Zum Lesen

8 Der Spinnenmann

(Siehe Seite 68 von Brennpunkt.)

Lesen Sie den Text ‚Der Spinnenmann' auf Seite 68. Setzen Sie die folgenden Sätze in die richtige Reihenfolge, um eine Zusammenfassung des Textes zu schreiben.

z.B.

1	2	3	4	5
b				

a Der Freeclimber benutzt fast keine Sicherheitsausrüstung.
b Meinungen über Alain Robert sind sehr verschieden.
c Man hat ihn mehrmals verhaftet.
d Der Ärger mit der Polizei macht ihm nichts aus.
e Der Franzose hat Gebäude, Monumente und Brücken überall auf der Welt bestiegen.

9 Stadtleben

(Siehe Seite 30 und Seite 69 von Brennpunkt.)

Schreiben Sie den vierten Absatz des Textes im Imperfekt, und, wo nötig, im Plusquamperfekt, um.
z.B. Ich bestaunte die grellen Schaufenster. …

4 Die Qual der Wahl?

Vom Kindergarten zum Numerus clausus

(Siehe Seite 33 von Brennpunkt.)

1 🎧 **Sieben Jahre Sinnloses gelernt?**

a Hören Sie sich die Kassette an. Welche Satzteile gehören der Kassette nach zusammen? Vorsicht! Es gibt mehr Satzenden als Satzanfänge!

i Wir erkannten die Falschheit des Unterrichts, obwohl . . .
ii Wir haben über ‚das ideale Leben der DDR‘ gelernt, während . . .
iii Nach dem Fall der Mauer fanden wir den Unterricht anders, weil . . .
iv Ich habe es ärgerlich gefunden, dass . . .
v Nach 1989 waren wir sehr motiviert, weil . . .
vi Trotzdem glaube ich, dass . . .

A . . . wir die Wahrheit vom westdeutschen Fernsehen kannten.
B . . . es eine sehr negative Zeit war.
C . . . wir die verlorene Zeit nachholen wollten.
D . . . wir unsere persönliche Meinungen äußern durften.
E . . . ich von unserer Schulzeit in der DDR etwas Positives hatte.
F . . . es problematisch war, darüber zu sprechen.
G . . . wir sieben Jahre unserer Schulzeit verschwendet haben.
H . . . es so langweilig war.

b Was sind laut Astrid und Sebastian die Vor- und Nachteile des alten Schulsystems in der ehemaligen DDR?

Was bringt die Zukunft?

(Siehe Seite 34–35 von Brennpunkt.)

2 🎧 **Unsere Sprache: Wie man ‚s‘ und ‚z‘ ausspricht**

a Hören Sie sich die Kassette an. Wiederholen Sie die Wörter und Ausdrücke, bis sie richtig klingen.

b Erfinden Sie jetzt andere Sätze und Zungenbrecher mit ‚s‘ und ‚z‘!

★ EU – Freiwilligendienst

Wer zwischen 18 und 25 ist und sich innerhalb des europäischen Wirtschaftsraums im sozialen oder ökologischen Bereich engagieren will, kann dies über ‚Jugend für Europa‘ für sechs bis zwölf Monate tun. Dieser freiwilliger Dienst wird aber nicht als Ersatz- oder Wehrdienst angerechnet und ist auch kein Sprachkurs, bei dem ein bisschen gejobbt wird.

Es geht hier um die unentgeltliche Arbeit für ein gemeinnütziges Projekt in einem europäischen Nachbarland. Bezahlt werden auf jeden Fall die Aufenthaltskosten (Unterkunft und Verpflegung), die notwendige Vorbereitung, der entsprechende Versicherungsschutz und ein Taschengeld.

Ausführliche Infos bei:
Deutsches Büro
‚Jugend für Europa'
Hochkreuzallee 20
53175 Bonn

3 **Fit für Europa!**
Lesen Sie den Text links und erklären Sie dieses europäische Jugendprogramm kurz auf Englisch.

4 🎧 **Studium im Ausland**

a Hören Sie sich die Kassette an, über zwei weitere Programme im Ausland. Zu jedem Programm beantworten Sie die folgenden Fragen:

1 Wie heißt das Programm?

2 Was bedeutet sein Name?

3 Nennen Sie drei Ziele des Programms.

4 Wie viele Jugendliche nehmen an dem Programm teil?

5 Wie lange können sie im Ausland bleiben?

6 Was für ein Stipendium bekommen sie?

b Sie arbeiten für die Europäische Kommission in Deutschland. Sie wollen, dass mehr Jugendliche an EU-Bildungs- und -Ausbildungsprogrammen teilnehmen. Benutzen Sie Blatt **2.5** ,Ein Thema mündlich präsentieren', um eine kurze Rede vorzubereiten, die

- Informationen über zwei oder drei Programme gibt
- diese Programme so interessant wie möglich macht.

Gut vorbereitet ist (halb) gewonnen

(Siehe Seite 38 von Brennpunkt.)

5 **Die Wortwahl bei der Bewerbung**

(Siehe auch Blatt **4.3** *.)*

Was passt zusammen? Finden Sie Ausdrücke, die bei einem formellen Brief konkreter klingen.

So klingt es konkreter bei der Bewerbung!

Informelle Sprache

1 Liebe / Lieber …

2 man / sein(e)

3 du / dein(e)

4 Ich glaube, dass ich … könnte.

5 Eigentlich möchte ich …

6 Vielleicht wäre es möglich …

7 Ich habe ein bisschen … gelernt.
gearbeitet.

8 Abi

9 Azubi

10 Viele Grüße

Formelle Sprache

a Meine Stärke sind … /
Ich kann gut …

b Ich stelle mir vor, … /
Mir liegt sehr …

c Bitte prüfen Sie, ob … /
Ist es möglich, dass …

d Meine Kenntnisse sind … /
Ich habe Erfahrung mit …

e Sehr geehrte Frau … /
Sehr geehrter Herr …

f Mit freundlichen Grüßen

g Abitur

h Sie / Ihr(e)

i Auszubildende(r)

j ich / mein(e)

Grammatik: Adjektivendungen

(Siehe Seite 39 von Brennpunkt.)

6 **Adjektivendungen**

Übersetzen Sie die folgenden Sätze ins Deutsche.

a I would like an interesting occupation in an attractive town, not far from a large airport.

b Next weekend I am visiting my old school. It is celebrating its 100th birthday and lots of former pupils will be there.

c New firms are creating many exciting opportunities for young people with good qualifications.

d I bought a cheap computer and some new games from the big department store around the corner.

e I'm looking for a good job with a high salary, because I'd like a small flat.

⑤ Drück dich aus!

Kultur – was ist denn das?
(Siehe Seite 42 von Brennpunkt.)

1 Musik aus der Türkei

Im Text unten berichtet man über den Einfluss der türkischen Musik auf die deutsche Kultur. Füllen Sie die Lücken mit dem passenden Wort aus dem Kasten aus:

Musik aus der Türkei

Die Deutschen hören fast.........(a) türkische Musik, wissen aber so gut wie gar nichts darüber. In den Stadtteilen, wo viele türkische ....(b) wohnen, kann man überall diese Musik.........(c). Vor dreißig Jahren.........(d) Türken massenweise nach Deutschland. Sie wurden für die deutsche.........(e) als sogenannte ‚Gastarbeiter' gebraucht. Sie wurden aber nur teilweise integriert. Erst die Türken der zweiten und vor allem der.........(f) Generation begannen sich in Deutschland heimisch zu fühlen und sich westeuropäische.........(g) anzueignen.

Die Einwanderer brachten die Musik ihrer .... (h) mit. Zuerst war sie zu orientalisch für das deutsche......... (i). Aber seit ein paar Jahren gibt es eine türkische Popmusik, die westeuropäische Elemente hat. Einige.........(j), dass es einen Durchbruch dieser Musik auf dem europäischen Markt geben wird.

Industrie	hören	Heimat	kamen	Einwanderer	
dritten	meinen	täglich	Gewohnheiten	Ohr	

Asphalt-Künstler
(Siehe Seite 43 von Brennpunkt.)

2 Asphalt-Künstler – Weiteres

Kopieren Sie die folgende Tabelle. Füllen Sie sie dann auf Deutsch mit Informationen über die angegebenen Personen auf Seite 43 aus.

Name	Tätigkeit als Künstler	Ort des Auftretens	Gründe dafür, Straßenkünstler zu sein	Finanzielle Belohnung
Albrecht Winkler				
Die ‚Highnumbers'				
Ingo und Silvia				

3 🎧 Unsere Sprache: Zungenbrecher

Students listen to the cassette and practise saying the tongue-twisters.

Zwei Genies
(Siehe Seite 46 von Brennpunkt.)

4 Komponistenquiz!

Prüfen Sie Ihr Gedächtnis, indem Sie die folgenden Fragen über Mozart und Beethoven beantworten. Lesen Sie dann Seite 46, um Ihre Antworten zu korrigieren.
a Wer wurde 1770 geboren?
b Wer hatte eine Schwester namens Nannerl?
c Wer notierte auswendig eine ganze Komposition, nachdem er sie nur einmal gehört hatte?
d Wer komponierte 9 Sinfonien?
e Wer komponierte über 600 Werke?
f Wer war in den späteren Jahren seines Lebens taub?
g Wer konnte keine Ordnung in seine Finanzen bringen?
h Wer hat längere Sinfonien komponiert?
i Wer wurde in einem Armengrab beerdigt?

Unternehmen Kultur
(Siehe Seite 48–49 von Brennpunkt.)

5 Die Mühe lohnt sich

Lesen Sie den Text unten und sagen Sie, ob die Sätze richtig oder falsch sind. Korrigieren Sie die falschen Sätze.

> ‚xyz'
> Sie schreiben über Theateraufführungen und machen Interviews mit Schriftstellern, Grafikern und Musikern. Sie wählen auch Gedichte aus und besprechen Bücher. Einzige Voraussetzung: Es muss mit Literatur zu tun haben – schließlich treffen sie sich im LesArt, einem Veranstaltungsort für Kinder-und Jugendliteratur. Zu guter Letzt schneiden, ordnen und kleben die jungen Redakteure ihre Zeitschrift zusammen. Wenige Tage später liefert die Druckerei ‚xyz' die Literaturzeitschrift von und für Jugendliche.

„Ich wusste gar nicht, dass so viel organisatorische Arbeit dahinter steckt", wundert sich der 20-jährige Burkhard Hoffmann. Er gehörte zu einem der ersten Teams von ‚xyz', aber nur für einige Monate. Denn keiner kann bei ‚xyz' Karriere machen. Die 24-seitige Literaturzeitschrift für Jugendliche erscheint dreimal im Jahr, und dies mit einer eisernen Regel: Die Redaktion wechselt ständig, bis auf die Koordinatoren und Projektleiter.

„Interesse für Literatur und erste Erfahrungen als Schülerzeitungsredakteur" – darum macht die 16-jährige Anne-Lu Kitzerow bei ‚xyz' mit. Andere kommen durch die Arbeit an der Zeitung erst dazu Bücher zu lesen. Einige ‚xyz'–Redakteure haben durch diese Arbeit Anregungen bekommen, was sie nach dem Schulabschluss beruflich machen wollen. Die 15-jährige Ulrike Jahnert: „Spaß hat mir die Gestaltung der Zeitung gemacht. Jetzt interessiere ich mich für einen grafischen Beruf." „Wenn's ganz toll läuft, will ich Schriftsteller werden," stellt der 18-jährige Stefan Martini seinen Berufswunsch vor. Der 16-jährige Fritz Haag hat eine andere Erfahrung gesammelt: „Ich habe die Lust am Zeitungmachen verloren," hat er bereits nach ein paar Wochen ‚xyz'-Redaktionsarbeit festgestellt.

a ‚xyz' befasst sich mit allen Aspekten des modernen Lebens.
b LesArt ist der andere Name von ‚xyz'.
c ‚xyz' wird nur von Jugendlichen geschrieben und gedruckt.
d Man kann nur für eine begrenzte Zeit als Mitglied eines ‚xyz'–Teams arbeiten.
e Anne-Lu arbeitet an dem Projekt, weil sie dadurch viel Geld verdienen kann.
f Wegen ihrer Teilnahme an ‚xyz' beginnen einige Jugendliche zum ersten Mal Bücher zu lesen.
g Ulrike Jahnert möchte später als Journalistin arbeiten.
h Fritz Haag hat die Arbeit bei ‚xyz' sehr interessant gefunden.

6 Bertolt Brecht – Biographie

Bertolt Brecht ist einer der wichtigsten deutschen Dichter und Dramatiker des 20. Jahrhunderts. Lesen Sie den Text und übersetzen Sie ihn ins Englische:

Eugen Friedrich Bertolt Brecht wurde am 10. Februar 1898 in Augsburg geboren. Dort ging er auch zur Schule. Er war oft anderer Meinung als seine Lehrer und nicht der beste Schüler in seiner Klasse. In seinem Zeugnis von 1916 kann man folgende Noten finden: Deutsch – gut, Französisch – genügend, Englisch – genügend, Mathematik – genügend, Turnen – gut.

Besonders wichtig für den jungen Brecht waren seine Freunde. Es gab eine richtige ‚Brecht-Clique', mit der Brecht ins Theater ging, aufs Land fuhr, in der Nacht durch Augsburg streifte und Bootspartien machte. Oft las Brecht seinen Freunden Gedichte vor und begleitete sich dabei auf der Gitarre. Er sang zwar nicht schön, aber leidenschaftlich!

Schon als Schüler schrieb Bertolt Brecht Gedichte und Dramen, die er in der Schülerzeitung veröffentlichte. Aber wer hätte damals gedacht, dass er viele weltberühmte Stücke schreiben würde?

Nach der Schulzeit studierte Brecht Philosophie und Medizin. Dann arbeitete er in Berlin und München am Theater. Als Hitler 1933 in Deutschland an die Macht kam, emigrierte Brecht nach Dänemark und später in die USA. 1949 ging er nach Deutschland zurück, wo er das berühmte Theater Berliner Ensemble gründete. Brecht starb 1956 in Berlin, aber sein Theater ist noch heute dort.

Grammatik: Präpositionen
(Siehe Seite 50 von Brennpunkt.)

7 🎧 **Präpositionen mit Präzision!**

1 Welche Satzteile gehören zusammen? Ordnen Sie zu!

a Nächstes Jahr fahre ich	1 an die Wand.
b Stellen Sie die Teller	2 über der Stadt.
c Wir fliegen in einer Höhe von 20 000 Metern	3 auf das Bett.
	4 in die Berge.
d Er hängt das Bild	5 an der Wand.
e Dieses Jahr verbringe ich zwei Wochen	6 auf dem Bett.
	7 zwischen den Fenstern.
	8 in den Bergen.
f Der Lehnstuhl passt	9 in den Schrank.
g Die Tassen sind	10 im Schrank.
h Es gab viele Poster	11 über das Mittelmeer.
i Eine dunkle Dunstglocke hing	12 zwischen die Fenster.
j Der Lehnstuhl steht	
k Er warf sein Sportzeug	
l Sein Sportzeug lag	

2 Hören Sie sich das ‚Sommerlied' an und setzen Sie die Präpositionen in die Lücken ein. Welche stehen mit dem Akkusativ und welche mit dem Dativ? Warum?

Sommerlied
Die Sonne steht hoch …(a)…… der Stadt, ……(b)…… dem kleinen blauen Fluss, die Schiffe ziehen ruhig …(c)…… die Strömung der silbernen glitzernden Wellen.

Die Hitze ist schwer, die Luft ist dick, die Straße glüht …(d)…… den Füssen. Oh, ich glaub, ich geh …(e)….. einen einsamen See, lass mich nackt …(f)…… Wasser gleiten.

Ich lege mich ……(g)….. die kleinen Wellen und seh die Wolken ……(h)…. den Himmel segeln, hör die Vögel singen und schrein …(i)…… den Weiden, die sich …(j)…… Wasser neigen.

Zurück zur Natur!

(Siehe Seite 54 von Brennpunkt.)

1 **Leben Vegetarier länger?**

Lesen Sie den Text rechts. Ein(e) Freund(in), der / die wenig Deutsch spricht, will mehr über Vegetarismus herausfinden. Beantworten Sie seine / ihre Fragen auf *Englisch*. Geben Sie so viele Informationen wie möglich.

a What research has there been in Germany into the health benefits of vegetarianism?

b How healthy are German vegetarians compared with other members of the population?

c What sort of diet appears to be the healthiest?

d What factors may also need to be taken into consideration when analysing the results of the research?

Leben Vegetarier länger?

Über elf Jahre lang hat das Deutsche Krebsforschungszentrum in Heidelberg fast 2000 Vegetarier und Reformkost-Anhänger studiert. In diesem Zeitraum registrierten die Forscher nur halb so viele Tote, wie bei einer gleich großen Zahl Durchschnittsbürger zu erwarten gewesen wären. Die Vegetarier starben weitaus seltener an Herz-Kreislauf-Erkrankungen und zeigten sich weniger anfällig für mehrere Arten Krebs.

Trotzdem scheint ein wenig Fleisch und Fisch ihnen gut bekommen zu sein, denn die gemäßigten Vegetarier waren gesünder als die strikten Anhänger pflanzlicher Kost. Ebenfalls wichtig: Unter den Vegetariern der Studie waren wenige Arbeiter und Handwerker, was die Sterblichkeitsrate um schätzungsweise 20 Prozent senkte. Darüber hinaus wogen viele Teilnehmer weniger als der Durchschnittsbürger – ein weiterer lebensverlängernder Faktor.

2 🎧 **Unsere Sprache: Marktforschung**

a Hören Sie sich die Ausschnitte der Unterhaltungen an, die auf Marktplätzen und in Restaurants in verschiedenen deutschsprachigen Gebieten zu hören sind. Versuchen Sie jede Mundart zu imitieren!

b Welche Mundart finden Sie am einfachsten? Und welche können Sie am besten verstehen?

Gesund und munter?

(Siehe Seite 56–57 von Brennpunkt.)

3 **Gedächtnisübung!**

Lesen Sie den Text und machen Sie Übung 1 auf Seite 56. Übersetzen Sie dann die folgenden Ausdrücke ins Deutsche, <u>ohne</u> sich Seite 56 noch mal anzusehen.

a to endanger

b damaging to one's health

c as a cigarette burns

d carcinogenic substances

e most of the smoke

f in a significantly higher concentration

g it's estimated that / according to estimates

h to die of

i these frightening statistics

j in this context / connection

4 🎧 **Teufel Alkohol**

a Hören Sie sich die Kassette an. Korrigieren Sie dann diese falsche Zusammenfassung der Geschichte, ohne ganze Sätze wortwörtlich von der Kassette abzuschreiben.

> Ein 53-jähriger Mann entschied sich eine Kneipentour von Bremen nach Berlin zu machen. Am Mittwoch Morgen musste er Geld von dem Geldautomatenraum seiner Bank holen um seine Tour zu finanzieren. Er hatte keinen Orientierungssinn, wusste nicht, wo die Bank war und bat einige Polizeibeamte um Hilfe. Sie nahmen ihn mit zur Polizeiwache, weil er so verwirrt war. Glücklicherweise wohnte er gleich um die Ecke und konnte sofort nach Hause gehen. Alles war wieder in Ordnung.

b Was für eine gesundheitliche Lehre ziehen Sie aus dieser Geschichte?

5 Stress!

S T R E S S !

Wenn wir auf Stress-Situationen reagieren, werden die Stresshormone Adrenalin, Noradrelin und Testosteron aktiviert. Die Folge: Unser Herzschlag wird schneller, Blutdruck und Sauerstoffverbrauch steigen, der Stoffwechsel wird angeregt. Die Leber gibt außerdem Zuckerreserven frei. Wir haben mehr Energie, sind konzentrierter und sogar kampfbereit. Aber parallel dazu wird das Hormon Cortisol aktiviert, das unser Immunsystem schwächt und uns wieder auf den Boden holt.

Überwiegt nun die Adrenalinproduktion, dann können wir Stress-Situationen meistern. Herrscht dagegen Cortisol vor, kapitulieren wir eher und sind anschließend auch anfälliger für Krankheiten. Ein gewisses Maß an positivem Stress wirkt als Motor des Lebens. Bei einer ‚Überdosis' aber setzt der Stress uns außergewöhnliche Belastungen aus, die zu zahlreichen physischen und seelischen Schäden führen können.

Lesen Sie den Text oben und beantworten Sie die folgenden Fragen auf Deutsch. In Ihren Antworten dürfen Sie Wörter oder Ausdrücke aus dem Text benutzen, aber das Abschreiben ganzer Sätze oder Abschnitte ist nicht erlaubt.

a Warum erleben wir körperliche und seelische Veränderungen bei Stress-Situationen?

b Was sind dem Text nach typische körperliche Reaktionen?

c Nennen Sie drei positive Wirkungen und eine negative Wirkung auf unseren Körper.

d Was bestimmt, ob wir positiv oder negativ auf Stress reagieren?

e Was sind die allgemeinen Vor- und Nachteile von Stress?

Was liegt uns auf der Seele?
(Siehe Seite 59 von Brennpunkt.)

6 Das Verschwinden einer Tochter

a Hören Sie sich die Kassette an. Füllen Sie eine größere Kopie dieser Tabelle auf Deutsch aus. Geben Sie so viele Informationen wie möglich.

b Schreiben Sie jetzt mit Hilfe der Tabelle eine Zusammenfassung der Geschichte (150–200 Wörter) für eine deutsche Boulevardzeitung.

Informationen über Katharina Verraudi	
Beruf:	
vermißt seit:	
Alter damals:	
Charakter:	
verschwunden mit:	
wahrscheinlicher Aufenthaltsort:	
Beweis dafür:	
Reaktionen kirchlicher Vertreter:	

Zum Lesen
(Siehe Seite 77–80 von Brennpunkt.)

7 Leserquiz!

Lesen Sie alle Artikel auf Seite 77–80. Versuchen Sie dann die folgenden Fragen zu beantworten, möglichst ohne sich die Texte noch mal anzusehen!

a Wann, wie und warum kam der Hamburger nach Amerika?

b Sollte man Hunde vegetarisch füttern?

c Welche vier Substanzen dürfen weder Mormonen noch Adventisten vom Siebenten Tag essen und trinken?

d Warum ist der Hamburger besser als sein Ruf?

e Wann und wo in Europa wurde Kaffee zuerst populär?

f Was ist das Lieblingsessen des Enkels im Restaurant?

g Was kaufte Gott im Kaufhaus?

h In welchem Alter lernte der islamische Junge sein erstes Gebet auswendig? Und mit welchem Alter lernte er den Koran lesen?

7 Geld regiert die Welt

Kohle machen, aber wie?
(Siehe Seite 82–83 von Brennpunkt.)

1 Eine Frage des Budgets

Was deutsche Studenten ausgeben – und wovon sie es einnehmen

Normalerweise ist die Miete der größte Posten im deutschen Studentenbudget und beträgt ein Viertel, wenn nicht sogar ein Drittel der monatlichen Ausgaben. Wer das Elternhaus verlässt, wohnt am preiswertesten in einem Studentenwohnheim, aber nur für ca. 10 Prozent aller Studenten reicht das vorhandene Platzangebot aus. Der freie Wohnungsmarkt ist teuer – besonders in den Ballungsgebieten von Dresden, Hamburg, München, Düsseldorf und Berlin, wo die Mieten oft bis zu dreimal so hoch sind.

Zweitgrößter Ausgabeposten ist die Ernährung. Über 40 Prozent aller Studenten und mehr als die Hälfte aller Wohnheimler sparen Essenskosten, indem sie in der Mensa essen. Und schließlich braucht man Geld für Fachbücher, Schreibwaren, Fahrtkosten, Kleidung, Ausgehen und Sonstiges …

Ohne Hilfe geht es meist nicht – fast 90 Prozent der Studenten bekommen Geld von ihren Eltern. Neben dieser Unterstützung oder dem BAföG – vor allem in den neuen Ländern – steht das eigene Geldverdienen ganz oben. Fast jede(r) dritte Student(in) bessert während des Semesters seine / ihre Kasse durch einen Job auf. In den Ferien erhöht sich die Zahl der Jobber und bis zu zwei Drittel aller Studierenden haben Aushilfsjobs.

a Lesen Sie den Text und beantworten Sie die folgenden Fragen auf Englisch.

1 Give five facts about accommodation costs for German students.
2 Give two facts about food expenditure.
3 What other expenses must students budget for?
4 Give five facts about students' income.

b ✍ Stellen Sie sich vor, Sie sind Uni-Student(in) in einer deutschen Großstadt. Schreiben Sie einen Brief von ca. 150 Wörtern auf Deutsch, in dem Sie einem Freund / einer Freundin beschreiben, wie Sie mit Ihrem Geld auskommen.

Mit 20 die erste Million
(Siehe Seite 84–85 von Brennpunkt).

2 🎧 Unsere Sprache: Wo wir gerade von Geld sprechen (Verschiedene Akzente)

a Versuchen Sie jede Mundart zu imitieren!
b Versuchen Sie, jede Aussage richtig aufzuschreiben. Sehen Sie sich dann den Transkript an!

3 Das ist doch die Frage!

a Sehen Sie sich die Kommunikationsausdrücke 'Fragen stellen' auf Seite 85 Ihres Lehrbuchs an.

b Lesen Sie noch mal die Texte in 'Kohle machen, aber wie?' auf Seite 82–83 und erfinden Sie mindestens zehn Fragen zu den Berichten. Benutzen Sie so viele verschiedene Frageformen wie möglich.

c Arbeiten Sie zu zweit. Eine Person muss Fragen stellen, die andere Person muss versuchen, die Fragen zu beantworten, ohne sich die Berichte noch mal anzusehen.

4 🎧 Wahnsinnsreportage!

(Siehe Seite 85 von Brennpunkt)

a Hören Sie sich die Kassette an. Stimmt dieser Bericht oder stimmt er nicht? Würden Sie Geld gewinnen? Sehen Sie sich die Lösung an!

b Schreiben Sie auf Englisch eine kurze Zusammenfassung des Berichts.

Transit für Alpträume

(Siehe Seite 86–87 von Brennpunkt.)

5 Leben von der Hand in den Mund

Leben von der Hand in den Mund

Debbie sitzt am U-Bahn-Ausgang Mehringdamm in Berlin und bettelt Passanten an. Wenn sie genug Geld zusammen hat, kauft sie sich eine Wurst im nahen Dönerladen. Meist findet sich dann auch Freund Tommi ein, der an der Hochbahn für etwas Kleingeld Windschutzscheiben putzt. Beide sind Straßenkinder. Debbie ist 14 Jahre alt, Tommi 16.

In Deutschland leben rund 7 000 bis 40 000 Jugendliche auf der Straße, schätzt der Deutsche Kinderschutzbund (DKSB). Allein in der Hauptstadt sollen es rund 3 000 sein. Die Hauptursachen dafür sieht ein DKSB-Mitarbeiter „in vollkommen zerrütteten Familienverhältnissen, zunehmender Familienarmut und den ökonomischen und sozialen Folgen der Wiedervereinigung".

Anlaufstellen für Streetkids sind dringende Notwendigkeit. Dass so etwas geht, beweist das Berliner Projekt ‚Karuna', wo obdachlose Jugendliche das Straßenmagazin ‚Zeitdruck' herausgeben. Im ‚Exilum' leben ehemals drogenabhängige Kids in einer Wohngemeinschaft zusammen. Beide Projekts wurden kürzlich vom DKSB ausgezeichnet. Aber nach Ansichten der Mitarbeiter kann man das Problem nur lösen, wenn man das öffentliche Bewusstsein hierfür schärft und den ökonomischen, politischen und sozialen Kontext nicht aus den Augen verliert.

a Lesen Sie den Text und ordnen Sie die folgenden Schlagzeilen in der richtigen Reihenfolge.

1 Viel hängt von besserer Publizität und einer Veränderung größerer Gesellschaftsfaktoren ab.
2 Mangel an Zuflucht für junge Wohnungslose.
3 Tausende von jungen Deutschen sind wohnungslos.
4 Gezielte Initiativen können durchaus helfen.
5 Zwei typische Opfer deutscher Armut.
6 Gesellschaftsprobleme tragen zur Zahl junger Obdachloser bei.

b Stellen Sie sich vor, Sie sind Mitarbeiter(in) des DKSB. Bereiten Sie eine kurze Rede vor, in der Sie das deutschsprachige Publikum dazu überreden, Projekte für obdachlose Jugendliche zu unterstützen. Verwenden Sie dabei so viele Informationen wie möglich über die Situation in Berlin.

Global gerechnet ...

(Siehe Seite 90–91 von Brennpunkt.)

6 🎧 Hilfe für die Armen von Guatemala

Hören Sie sich die Kassette an. Ein(e) Freund(in), der / die wenig Deutsch spricht, macht eine Studie über Guatemala. Notieren Sie für ihn / sie auf Englisch:

a die Probleme im El Quiché-Gebiet von Guatemala
b wie der deutsche Wohltätigkeitsverein ‚Misereor' der Bevölkerung hilft.

Zum Lesen

(Siehe Seite 190 von Brennpunkt.)

7 Gut verdient?

Lesen Sie die Artikel ‚Erlebnis-Shopping' und ‚Diebstahl hat Folgen'. Welche der erwähnten Strafen für Diebstahl finden Sie am Besten? Warum?

8 Die Medien

Ich glotz TV
(Siehe Seite 98–99 von Brennpunkt.)

1 Ist das Leben wirklich so?

NDR 3

18.00	Hallo Spencer
18.30	N3-Halbsieben
19.00	Unser Sandmännchen
19.07	Sport 3 aktuell
19.15	DAS! – Das AbendStudio
20.00	Tagesschau
20.15	Aktuelle Schaubude
21.00	Lindenstraße
21.30	extra drei
22.00	NDR Talkshow
0.00	Nachrichten

Zwei-Minuten-Dramaturgie und Gefühlskitsch satt in Fließbandproduktion. Auch bei großen Gefühlen werden teure Sekunden abgeknapst.

Der TV-Nation droht eine neue Droge. Deutschlands erste täglich ausgestrahlte Serie „Gute Zeiten, schlechte Zeiten" soll die Bundesbürger zu TV-Junkies „anfixen".

Da vergisst selbst der ungeduldige Zuschauer das Umschalten: Praxis Dr. Ulrich: Frank rät Denise von der Abtreibung ab. Schnitt. Büro Richter: Claudia will Vera das Haus nicht überlassen. Schnitt. Agentur Löpelmann: Clemens will mit Patrick abrechnen. Schnitt.

Das Stakkato aus Liebe, Hass, Leidenschaft und der rasante Wechsel von Kulissen und Textilien werden von einem mit Stoppuhr und Computer penibel kalkulierten Drehplan diktiert. Ein Höhepunkt am Ende jeder Szene und eine Spannungskurve am Schluss jeder Folge, in der Fachsprache Kliffhänger, sollen Seriensucht erzeugen.

Mit der Machart herkömmlicher Mehrteiler hat die neue Serie nicht mehr viel gemein: Kaum eine Szene ist länger als 120 Sekunden, damit die Zuschauer nicht umschalten; die Story ist einfach und frei von sozialem Elend und Politik, damit die Reichweite stimmt. Ernsthafte Konflikte, wie es sie in Wirklichkeit und in der „Lindenstraße"* gibt, selbst die Probleme der dargestellten jungen Generation – Arbeitslosigkeit, Rechtsradikalismus, Drogensucht, fallen in der Marathon-Seifenoper aus.

Als Darsteller kommen weithin Unbekannte zum Einsatz: Laienspieler und ehemalige Fotomodelle. Gefragt sind weniger Charakterköpfe als Typen, und für fast alle gilt: Hauptsache hübsch. In den Pausen soll ein Bühnencoach allzu ungelenkes Agieren ausbügeln.

Einziges Ziel dieser Herz-Schmerz-Serien, die beispielsweise in Brasilien Einschaltquoten bis zu 100 Prozent erreichen: mit möglichst geringem Aufwand möglichst viel Programm und eine möglichst hohe Z u s c h a u e r b i n d u n g herzustellen.

*Lindenstraße = die erste deutsche Seifenoper, seit 1983 ausgestrahlt

Lesen Sie den Text zum Thema Seifenoper. Füllen Sie die Lücken mit Wörtern aus dem Kasten aus.

Die TV-Nation fixiert täglich ihre (1).................... . Täglich ausgestrahlte Serien ‚fixen' die Bundesbürger zu (2).................... ‚an'. Da vergisst selbst der ungeduldige Zuschauer das (3)....................

Das (4).................... aus Liebe, Hass, Leidenschaft und der rasante Wechsel von Kulissen und Textilien werden von einem mit (5).................... und Computer kalkulierten Drehplan diktiert. Ein Höhepunkt am Ende jeder Szene und ein (6).................... am Ende jeder Folge erzeugen Seriensucht.

Mit der Machart traditioneller (7).................... hat die neue Serie nicht mehr viel gemein: Kaum eine Szene ist länger als 120 Sekunden, damit die Zuschauer nicht umschalten: die (8).................... ist einfach und frei von sozialem (9).................... und Politik.

Als (10).................... kommen weithin unbekannte Schauspieler und ehemalige Fotomodelle zum Einsatz. Hauptsache: hübsch.

Einziges Ziel dieser Herz-Schmerz-Serien, die beispielsweise in Brasilien (11).................... bis zu 100% erreichen: mit möglichst geringem Aufwand möglichst viel Programm und eine möglichst hohe (12).................... herzustellen.

> Darsteller   Droge   Einschaltquoten   Elend
> Kliffhänger   Mehrteiler   Rezept   Stoppuhr   Story
> TV-Junkies   Umschalten   Zuschauerbindung

2 🎧 Weihnachtsgeschenke

Hören Sie sich den Radiobericht an und notieren Sie, wie viel Prozent der befragten Kinder sich die folgenden Weihnachtsgeschenke wünschen.

Geschenk	Prozentsatz
Fernseher Videorekorder Computer Fahrrad Modelleisenbahn Puppe Puppenhaus	7%

Das Internet – eine nette Idee?

(Siehe Seite 100–101 von Brennpunkt.)

3 Schlagzeilen

Welches Wort fehlt jeweils? Wählen Sie Wörter aus dem Kasten unten.

a   Das Internet ist mit XXXXXXXX vollgestopft.

b   XXXXXXXX nutzen das Internet immer öfter.

c   Die Stiftung Warentest warnt vor Internet-XXXXXXXX.

d   Der XXXXXXXX betet für das christliche Internet.

e   Der Ton der XXXXXXXX im Internet ist ‚rauh‘.

> Banking   Bundeskanzler   Frauen   Hacker
> Haustiere   Neonazis   Papst   Pizza
> Schuldirektor   Websites   Werbung

Die heile Welt der Werbung

(Siehe Seite 102–103 von Brennpunkt.)

4 🎧 Werbetricks

Hören Sie sich die folgenden Radiowerbespots an. Welche Assoziationen werden benutzt? Wählen Sie jeweils den richtigen Buchstaben.

> **Werbespots**
> 1   ‚Art‘ Badekosmetik
> 2   Heinz Ketschup
> 3   Allianz-Haftpflichtversicherung
> 4   Zerbler Hochzeitsnudeln
> 5   AOK
>
> **Assoziationen**
> a   Fitness, Jugendlichkeit, Herdentrieb, Sicherheit
> b   Herdentrieb, Machttrieb, Jugendlichkeit, Fitness, Erfolg
> c   Herdentrieb, Tradition, Freundschaft, Prestige
> d   Liebe, Sicherheit
> e   Schönheit

Grammatik – die indirekte Rede

(Siehe Seite 105 von Brennpunkt.)

5 Lesen Sie die Internetberichte auf Seite 100 von Brennpunkt noch einmal. Benutzen Sie den Konjunktiv, um die Kernpunkte der Storys weiterzugeben. Schreiben Sie jeweils nicht mehr als 25 Wörter.

    z.B.A Laut einem Internet-Bericht sei die Bremer Aids-Hilfe Knotenpunkt eines weltweiten Hilfsnetzes im Internet für Menschen, die an der Immun-schwächekrankheit leiden.

Pressefreiheit – um jeden Preis?

(Siehe Seite 106–107 von Brennpunkt.)

6 🎧 Was in der Zeitung steht

Hören Sie sich drei Strophen aus dem Lied ‚Was in der Zeitung steht‘ von Reinhard Mey an.

a   Was entdeckt der Mann in der ersten Strophe wenn er in sein Büro geht und die Zeitung liest?

b   Suchen Sie Wörter oder Ausdrücke im Text der dritten Strophe unten für die folgenden Umschreibungen.

   1   Jemand, der für die Redaktion einer Zeitung verantwortlich ist, Manuskripte beurteilt, usw: Der R_ _ _ _ _ _ _ _.

   2   Man macht ja ab und zu mal Fehler, selbst wenn man sich große Mühe mit der Arbeit gegeben hat. (14 Wörter)

   3   Es ist unglaublich, wieviel Unsinn es jeden Tag in der Presse gibt. (15 Wörter)

   4   Eine Antwort auf einen Zeitungsartikel, die einen anderen Standpunkt darlegt: Die G _ _ _ _ _ _ _ _ _ _ _ _ _ _ _.

> „Was woll'n Sie eigentlich?" fragte der Redakteur
> „Verantwortung! Mann, wenn ich das schon hör'!
> Die Leute müssen halt nicht gleich alles glauben, nur weil
>   es in der Zeitung steht!
> Na schön, so'ne Verwechslung kann schon mal passieren,
> Da kannst du noch so sorgfältig recherchieren
> Mann, was glauben Sie, was Tag für Tag für'n Unfug in der
>   Zeitung steht!"
> „Ja", sagte der Chef vom Dienst, „das ist wirklich zu dumm
> Aber ehrlich, man bringt sich doch nicht gleich um,
> Nur weil mal aus Verseh'n was in der Zeitung steht."
> Die Gegendarstellung erschien am Abend schon
> Fünf Zeilen mit dem Bedauern der Redaktion
> Aber Hand aufs Herz, wer liest, was so klein in der Zeitung
>   steht?

Global katastrophal
(Siehe Seite 107 von Brennpunkt.)

Mit Vollgas weiter

Dabei ist bekannt: Automobile gehören weltweit zu den Haupterzeugern von CO_2. Rund 20 Prozent aller Emissionen dieses Treibhausgases stammen aus ihren Auspuffrohren. Und die Autoflotte wächst rapide – derzeit doppelt so schnell wie die Weltbevölkerung. Prognosen gehen davon aus, dass die Zahl der PKWs weltweit bis zum Jahr 2030 auf über 2 Milliarden ansteigen wird. Damit werden sich Spritverbrauch und CO_2-Emissionen auf mehrere Milliarden Tonnen erhöhen.

Aber das Auto ist nicht nur Klimakiller:
- Der Autoverkehr verbraucht über die Hälfte des auf der ganzen Welt geförderten Rohöls und ist deshalb mit Tankerkatastrophen und anderer Ölverschmutzung verbunden.

- Die Autoproduktion verschlingt riesige Mengen an wertvollen Rohstoffen, aber das Recycling von Altautos ist noch längst nicht völlig entwickelt.
- Autoabgase verpesten die Luft und machen Menschen und Bäume krank.
- Immer mehr Flächen werden von Asphaltpisten zerschnitten und zubetoniert.

Allein in Deutschland schätzt das Umweltbundesamt die jährlichen Kosten der Umweltschäden durch Autos auf rund 57 Mrd. Mark (ca. 28, 5 Mrd. Euro); darunter Schäden durch Luftverschmutzung und Lärm sowie Boden- und Wasserverschmutzung.

---

1 Mit Vollgas weiter

Lesen Sie den Text. Welche der folgenden Themen passen am besten zu Ideen in dem Text?

a die Ausbreitung der Straßen und Autobahnen
b ein möglicher Fahrverbot
c die Folgen des Treibhauseffekts
d Benzinverbrauch und dadurch verursachte Probleme
e die Zunahme des Lastkraftwagenverkehrs
f die Verschwendung erneuerbarer Ressourcen
g der Transport der Autos
h der Beitrag der Autoabgase zur Kohlendioxidproduktion
i einige Folgen der Luftverschmutzung
j der Einfluss der Bevölkerungsexplosion auf die Zahl der Autos

Rettet die Wälder!
(Siehe Seite 109 von Brennpunkt.)

2 🎧 **Aufbäumen gegen die Autobahn**

a Hören Sie sich die Kassette an.

b Stellen Sie sich vor, Sie wohnen in Breechen, in Mecklenburg-Vorpommern. Sind Sie für oder gegen die A20? Schreiben Sie einen Brief von ca. 200 Wörtern an die Lokalzeitung. Fassen Sie die Umweltaktion im ehemaligen Gutswald zusammen und erklären Sie Ihren Standpunkt dazu.

Eine Kernfrage ...

(Siehe Seite 110-111 von Brennpunkt.)

3 🎧 **Gedächtnisübung!**

Lesen Sie zuerst die Texte auf Seite 110-111 von Brennpunkt und hören Sie sich ‚Eine sichere Lösung?' auf der Kassette an. Übersetzen Sie dann die folgenden Ausdrücke ins Deutsche, <u>ohne</u> sich die Seiten noch einmal anzusehen.

a Atomic power stations do not release any CO_2.
b About a third of Germany's electricity needs.
c Because of the strict safety requirements.
d Atomic waste is transported in special spent fuel rod containers.
e That is neither safe nor environmentally friendly.
f The reactor accident in Chernobyl was proof of that.
g All around the Sellafield nuclear reprocessing plant.
h The withdrawal from atomic energy.
i The removal of highly radioactive waste.
j There are doubts about the suitability of the saltmine in Gorleben.

Von der Schule zum Zukunftszentrum

Einen ersten Schritt in Richtung alternative Energiequellen wagt die Jakob-Grimm-Schule in Rotenburg. Durch eine 3,4 Kilowatt-Solarstromanlage wurde der Stromverbrauch an der Schule binnen drei Jahren um 25% gesenkt, und Ähnliches zeichnet sich für den Gasverbrauch ab. Somit wurden z. B. für das Jahr 1997 der Umwelt 100 Tonnen CO_2 erspart.

Vor kurzem wurde eine weitere Solarstrom-anlage errichtet, und frisch installierte Sonnenkollektoren versorgen nunmehr die Duschen der Sporthalle mit Warmwasser.

Nun ist die Jakob-Grimm-Schule auf dem Weg, sich weiterzuentwickeln. An der Schule soll ein neuer ‚Öko-Trakt' angebaut werden, der die ‚Schule der Zukunft' darstellen soll, mit ökologischen Baustoffen, wintergartenähnlicher Pausenhalle, niedrigem Energieverbrauch und Nutzung der Solarenergie zur Beheizung der Räume. So will die JGS in der Region – und über ihre Partnerschulen und per Internet auch weit darüber hinaus – Aufmerksamkeit für die wichtigen Fragen zu den Themen Umwelt und Energie wecken.

Wie es anders geht

(Siehe Seite 113 von Brennpunkt.)

4 Von der Schule zum Zukunftszentrum

a Lesen Sie den Text links und ordnen Sie die folgenden Themen in der richtigen Reihenfolge.
  1 Umweltfreundliche Baupläne.
  2 Neuste Entwicklung der Photovoltaik.
  3 Mitteilung der Fortschritte.
  4 Anfang bei erneuerbarer Energieversorgung.
  5 Vorbild werden.
  6 Bedeutende Energieersparnisse.

b Stellen Sie sich vor, Sie seien Schüler(in) an der Jakob-Grimm-Schule. Beschreiben Sie in einer kurzen Rede Ihre umweltfreundliche Schule und erklären Sie:
  • warum Sie stolz darauf sind
  • was Sie und Ihre Mitschüler davon lernen
  • wie sich dieses Zukunftszentrum Ihrer Meinung nach weiter entwickeln sollte.

Jeder kann mitmachen!

(Siehe Seite 114 von Brennpunkt.)

5 🎧 **Ein Auto für die Umwelt!**

Warum beschreibt man den neuen Opel Astra als ‚umweltfreundlich'? Nennen Sie weitere Vorteile dieses Autos, die auf der Kassette erwähnt werden.

Aktiv für die Umwelt!

(Siehe Seite 116 von Brennpunkt.)

6 🎧 **Greenpeace handelt!**

✍ Hören Sie sich die Kassette an. Schreiben Sie dann einen sensationellen Zeitungsbericht über diese Greenpeace-Aktion! Benutzen Sie die Informationen von der Kassette und Ihre eigene Phantasie!

⑩ Alle Menschen sind gleich ...

Verfolgt und vertrieben
(Siehe Seite 118–119 von Brennpunkt.)

1 🎧 Arbeitsgelegenheiten für Asylbewerber!

a Hören Sie sich den kurzen Radiobericht an und ergänzen Sie folgende Sätze mit Wörtern aus dem Kasten unten.

  i In Hessen dürfen künftige Asylbewerber ...... beginnen.

  ii Vor allem die jugendlichen Asylbewerber sollten ...... nutzen.

  iii Aus einer begonnenen Berufsausbildung kann nach Worten des Ministers ...... werden.

  iv Wird ein Asylantrag abgelehnt, muss der Betroffene die Lehre ......

kein	ihre	abbrechen	eine	Zeit
in	Berufsausbildung	Bleiberecht		und
Deutschland	so	sinnvoll		ausreisen
abgeleitet	wie	werden	möglich	

b Übersetzen Sie die Sätze oben ins Englische.

2 Vokabelselbsttest!

Übersetzen Sie die Wörter und Ausdrücke unten ins Deutsche. Achten Sie dabei auf das Geschlecht!

1 foreigner
2 foreign worker
3 refugee
4 persecution
5 European community
6 asylum seeker
7 country of origin
8 civil war
9 unemployed
10 total population
11 to come from (originate from a country)
12 majority
13 recruit (vb)
14 nationality
15 agreement

Vorurteile und die Wirklichkeit
(Siehe Seite 120 von Brennpunkt.)

3 Ausländerquiz!

Was wissen Sie über Ausländer in Deutschland? Prüfen Sie sich mit den Fragen unten! Sehen Sie sich Texte und auch Übungen an auf Seite 118, 119 und 120 von Brennpunkt.

1 Wie viele Ausländer ungefähr leben in Deutschland?
2 Wann kamen die ersten Gastarbeiter nach Deutschland?
3 Mit welchem Land wurde 1955 das erste Gastarbeiterabkommen geschlossen?
4 Was hat die Bundesregierung 1973 eingeführt?
5 Woher kommen die meisten Ausländer in Deutschland?
6 Nennen Sie drei Länder, die 1997 weniger Asylbewerber als Deutschland aufgenommen haben.
7 Wie viel Geld hat die Bundesregierung Anfang der 90er Jahre investiert, um die Unterkunftslage der Ausländer zu verbessern?
8 Was bekommen Asylbewerber in Deutschland statt Sozialhilfe?
9 Was darf man ohne deutsche Staatsangehörigkeit nicht machen?
10 Wo müssen Asylbewerber seit 1993 untergebracht werden?

Ausländerfeinde, Ausländerfreunde

(Siehe Seite 122–123 von Brennpunkt.)

4 🎧 **Sprachkurse fördern Integration**

a Hören Sie sich diesen Bericht über Sprachkurse für
Ausländer an und beantworten Sie die Fragen. Lesen
Sie den Vokabelkasten, bevor Sie beginnen.

> **Vokabeln**
>
> das Bundesarbeitsministerium *department of
> employment*
>
> fördern *to sponsor, promote*
>
> die Vertragsarbeitnehmer *contract workers*
>
> die Bedürfnisse *needs*
>
> der Teilnehmer *participant*
>
> zur Verfügung stellen *to make available/provide*
>
> der Geschäftsbericht *business report*
>
> zu verzeichnen *recorded*

1 Wann hat die Förderung der Sprachkurse für
   Ausländer begonnen?
2 Wie viel Geld wurde 1997 in Sprachkursförderung
   investiert?
3 Wie viel Geld hat die deutsche Regierung seit 1975
   für Sprachkurse ausgegeben?
4 Wie viele Ausgaben wurden 1998 für Sprachkurse
   geplant?
5 Wie viele Ausländer haben 1997 an einem
   Sprachkurs teilgenommen?
6 Wie viele Ausländer haben seit 1975 an einem
   Sprachkurs teilgenommen?
7 Was sagt der Bericht über Sprachkurse für Frauen
   im Jahr 1997?
8 Wie hoch ist die Gesamtzahl aller Sprachkurse seit
   1975?

b Schreiben Sie jetzt eine kurze Zusammenfassung des
Berichts (ca.100 Wörter) auf Deutsch!

Gleichberechtigung – was bedeutet das?

(Siehe Seite 124–125 von Brennpunkt.)

5 **Der Kampf um Gleichberechtigung**

Füllen Sie die Lücken im folgenden Text aus und wählen
Sie jeweils das passende Wort aus dem Kasten.

a 1958 tritt das erste ......(1)...... über die Gleichberechtigung von Mann und Frau in Kraft. Die Frau
ist berechtigt, erwerbstätig zu sein, „soweit das mit
ihren Pflichten in Ehe und ......(2)...... vereinbar ist".

b Erst 1977 wird das Schuldprinzip bei der ......(3)......
abgeschafft – Unterhaltszahlungen nach der
Scheidung erhält, wer selbst nicht genug ......(4)......

c 1980 wird das deutsche ......(5)...... europäischen
Normen angepasst. Damit wird erstmals die
Gleichbehandlung von Männern und Frauen am
Arbeitsplatz geregelt: d.h. gleicher ......(6)...... für
gleiche Arbeit.

d 1994 wird es möglich, dass jeder Ehegatte bei der
Eheschließung seinen ......(7)...... behält. In diesem
Jahr wird das Grundgesetz in Artikel 3 Absatz 2
ergänzt: „Der Staat fördert die tatsächliche
Durchsetzung der ....(8)....... von Frauen und
Männern."

e Seit 1997 gilt Kündigungsschutz auch für ......(9)......
Angestellte.

f 1998 wird die Vergewaltigung der Ehefrau
......(10)......

> Namen   Arbeitsrecht   Familie   strafbar   schwangere
> legal   Gleichberechtigung   Lohn   Scheidung   Gesetz
> verdient   arbeitslos

Grammatik: der Konditional (2)

(Siehe Seite 128 von Brennpunkt.)

6 **Grammatik – Wiederholung des Konditionals**

Versuchen Sie die folgenden Sätze ins Deutsche zu
übersetzen. Achten Sie dabei auf die Modalverben!
N.B. Benutzen Sie ‚du' für *you*.
1 If she hadn't driven, I wouldn't have gone to the pub.
2 If I had had the time, I would have gone to the
   cinema.
3 Would you have visited him if you had stayed in
   Munich?
4 What would you have done if they had called the
   police?
5 If she hadn't seen the cyclist, she would have killed
   him.
6 If Peter hadn't helped me, I wouldn't have been able
   to write the essay.
7 They shouldn't have said that – it was tactless.
8 You should have arrived earlier – your lunch is cold.
9 If my brother hadn't said anything I wouldn't have
   had to tidy my room.
10 I didn't know that you were tired – you should have
   said something!

⑪ Geschichte lebt!

Die Nazizeit

(Siehe Seite 130 – 131 von Brennpunkt.)

1 🎧 **Unsere Sprache: ‚Aussprache und Intonation'**

Üben Sie Ihre Aussprache und Intonation. Beachten Sie besonders Vokallaute, das deutsche ‚r' und die Satzmelodie.

2 Das ist Unsinn, oder?

Lesen Sie den Brief mit Hilfe eines Wörterbuchs. Übersetzen Sie den Brief ins Englische.

> Die Schlacht bei Stalingrad war ein wichtiger Wendepunkt im Kampf gegen Hitlers Truppen. Sie war aber sehr blutig: Man schätzt, dass rund 800 000 deutsche Soldaten und 1 100 000 russische Soldaten ums Leben kamen.
>
> 1992 wurden einige Briefe toter deutscher Soldaten ausgegraben. Hier sehen Sie einen dieser Briefe.

Januar 1943

Meine lieben Eltern!

Wir waren in der ‚Roter Oktober'-Fabrik, ganz in der Nähe der Russen. Nach und nach lernten wir unsere Feinde kennen, und in den Ruhepausen zwischen den Kämpfen riefen wir ihnen zu: Habt ihr Butter oder Fleisch übrig? Sie riefen zurück, dass sie gesalzene Heringe und einige andere Sachen hätten. Also wickelten wir etwas Brot in einen alten Lappen und warfen es zu ihnen hinüber. Sie warfen uns dann etwas anderes zu essen.

Das hätten wir natürlich nicht tun sollen, aber sie hatten genauso viel Hunger wie wir. Am Anfang schossen wir aufeinander und zum Schluss warfen wir einander Brot zu. Es ist so sinnlos, aber andererseits macht Krieg selbst ja keinen Sinn, oder?

Alles Liebe,
Hubert

Stunde Null

(Siehe Seite 132 – 133 von Brennpunkt.)

3 Der Schwarzmarkt

Ordnen Sie die Ereignisse in der Geschichte chronologisch ein.

z.B.

1	2	3	4	5	6
f					

a Ein halbes Pfund bekam seine Frau. Mit dem Rest gingen wir ‚kompensieren'.

b Für die 40 Zigaretten erhielten wir eine Flasche Wein und eine Flasche Schnaps. Den Wein brachten wir nach Hause. Mit dem Schnaps fuhren wir aufs Land.

c Unsere Kompensation hatte uns eineinhalb Pfund Butter, eine Flasche Wein und zehn Zigaretten eingebracht.

d Bald fand sich ein Bauer, der für den Schnaps zwei Pfund Butter tauschte. Am nächsten Morgen brachte mein Freund dem ersten Butterlieferanten sein Pfund Butter zurück, weil es zu teuer war.

e In einem Tabakladen gab es für das halbe Pfund 50 Zigaretten. Zehn Stück behielten wir für uns. Mit dem Rest gingen wir in eine Kneipe. Wir rauchten eine Zigarette, und das Geschäft war perfekt.

f Einem hungrigen Freund wurde ein Pfund Butter für 320 Mark angeboten. Er nahm sie auf Kredit, weil er nicht so viel Geld hatte. Er wollte sie morgen bezahlen.

Deutschland im Kalten Krieg: Errichtung der Berliner Mauer

(Siehe Seite 136 – 137 von Brennpunkt.)

4 **Erinnerungen**

Welche Aspekte der Situation werden hier erwähnt?
Wählen Sie Satzteile aus der Liste a–j unten.

„Vier Wochen vor dem Bau der Mauer waren in
Ostberlin Plakate zu sehen, auf denen stand, niemand
habe die Absicht, eine Mauer zu bauen. Na ja, dann ist
es am 13. August doch passiert. Ich erinnere mich noch
daran, wie die Leute frühmorgens fassungslos
zugesehen haben. Der Stacheldraht ging mitten durch
die Stadt. Haustüren und -fenster wurden bald vernagelt
oder zugemauert. Auf einmal wurden Tausende Familien
getrennt. Unmenschlich war das.

Die Mauer hätte nicht sein müssen. Und dass dort
geschossen wird, das hätte nicht sein dürfen. Am
allerschlimmsten war, dass man nicht raus konnte, nicht
einfach raus ... Sonst wäre vielleicht doch alles ein
bisschen anders gegangen, wenn das etwas freier
gewesen wäre. Und die Angst, wenn man das immer
gehört hat, wieder einer erschossen, wieder einer weg.“

a der Bau einer Betonmauer

b der Grund für den Mauerbau

c der Mangel an Reisefreiheit

e der Schießbefehl

f der Verlauf der Befestigungen

g die Reaktion der Alliierten

h die Reaktion der Berliner

i die Teilung von Familien

j die Zahl der Fluchtversuche

Macht Einigkeit stark?

(Siehe Seite 138 – 139 von Brennpunkt.)

5 🎧 **Über die kleine Holzbrücke**

Hören Sie sich Anja Jürschiks Beschreibung der
Grenzöffnung an. Sind die Sätze unten richtig oder
falsch?

a Anjas Familie glaubte die Nachrichten über die
Grenzöffnung nicht sofort.

b Die Familie fuhr sofort zur Grenze.

c Es waren viele andere Menschen unterwegs.

d Mit dem Wagen konnten sie bis zur Grenze fahren.

e Es gab keine richtige Kontrolle an der Grenze.

f Von der Grenze fuhren sie mit Sonderbusssen direkt
nach Bad Harzburg.

g In Bad Harzburg kauften sie viel.

h Sie fuhren mit dem Bus zur Grenze zurück.

Grammatik

(Siehe Seite 140 von Brennpunkt.)

6 **Adjektivnomen**

Setzen Sie die richtigen Endungen ein.

z.B. **1** Die Deutsch**en** sind immer noch die bösen
Nazis.

1 Die Deutsch...... sind immer noch die bösen Nazis.

2 Im Oktober 1929 waren über sechs Millionen
Deutsch...... ohne Arbeit.

3 Viele Deutsch...... dachten, man hätte ein Recht auf
das Saargebiet.

4 Die ‚Besserwessis‘ sind die arroganten
Westdeutsch......

5 Wenn man Deutschland und die Deutsch...... heute
verstehen will, muss man erst einmal die deutsche
Geschichte verstehen.

6 Nicht alle Deutsch...... sind mit der
Wiedervereinigung zufrieden.

Habt endlich Mut zur Wahrheit
(Siehe Seite 142–143 von Brennpunkt.)

1 🎧 **Eine große Persönlichkeit**

Hören Sie sich diese Traueransprache über den verstorbenen Bundespräsidenten Karl Carstens an. Was machte ihn laut seines Nachfolgers Richard Von Weizsäcker zu einem großen vorbildlichen Politiker? Füllen Sie die Lücken im Transkript der Trauerrede aus:

,,Was in Deutschland nur allzu selten gelingt, vereinigte er in seiner Person: die Verbindung eigener wissenschaftlicher Erkenntnis mit
.... Praxis. Sie befähigte ihn zeitlebens, die Theorie auf den Prüfstand der
.... zu stellen, anderserseits aber der .... des politischen Alltags mit durchdachtem ....
zu begegnen. Karl Carstens war eine
.... Persönlichkeit. Mit sicherem
.... und mit
.... hat er unserem Land gedient. Er hat uns auf ....
Weise nach außen vertreten und im Inneren zusammengehalten. Er hat uns seinen guten
.... gewiesen ...''

Was steht zur Wahl?
(Siehe Seite 144–145 von Brennpunkt.)

2 **Parteidefinitionen**

Versuchen sie die Parteien zu identifizieren, ohne Seite 148 und 149 von Brennpunkt anzuschauen.

a Die Sozialistische Partei in Deutschland, deren Programm kein Recht auf Arbeit enthält sondern den Abbau der Arbeitslosigkeit durch Wachstum fördert.

b Die Konservative Partei, die wegen der Existenz einer bayrischen Schwesterpartei nicht überall in Deutschland kandidiert.

c Die Sozialistische Partei, die als Nachfolgerin der SED gilt.

d Die Liberale Partei, die die Technik zugunsten der Umwelt fördern will.

e Die Partei, die sich vorwiegend aber nicht ausschließlich mit der Umwelt beschäftigt.

Lesen Sie jetzt Seite 148 und 149 von Brennpunkt und überprüfen Sie Ihre Antworten.

3 ✎ **Parteichefs**

Finden Sie per Internet die Namen der aktuellen Parteiführer heraus und tragen Sie sie in die Tabelle ein.

Partei	Parteichef
die Grünen	
die CDU	
die CSU	
die FDP	
die PDS	
die SPD	

Die da oben
(Siehe Seite 146–147 von Brennpunkt.)

4 **Die Macht des Wählers**

Welche Interpretation der Karikatur ist am treffendsten?

a Wir haben nicht alle den gleichen Einfluss. Nur die mächtigeren Bürger und Interessensgruppen in der Gesellschaft sind im Stande, einen Einfluss auf die Parteien auszuüben oder sogar eine Regierung zu stürzen.

b Wählen scheint dem Bürger wichtiger als es eigentlich ist. Regierung und Parteien achten sowieso überhaupt nicht auf die Ansichten und Bedürfnisse der Bevölkerung. Wählen gehen heißt Zeitverschwendung.

c Die Parteien sind nicht alle gleichmäßig stark. Die Partei, deren politische Ideen die meisten Wähler anlockt, ihre Stimmen abzugeben, wird im Stande sein, die nächste Regierung zu bilden. Und das mit Recht!

d In der Tat sind die Wähler nur alle fünf Jahre mächtig. Erst im Laufe der Wahlkampagne interessieren sich die Parteien für die Meinungen der Wähler. Sobald die Wahl vorbei ist, hören sie nicht mehr zu.

Europa über alles?

(Siehe Seite 148–149 von Brennpunkt.)

5 ∩ Europa wird eins

... und bewegt sich doch!

Hören Sie sich die Kassette ‚Europa wird eins' an, in der Sie typische Meinungen
über die europäische Einheit hören. Welche Meinung passt zu welcher
Stimmung in der Karikatur von Prinzessin Europa?

1 Pessimismus
2
3
4
5
6

Die Grenzen fallen ...

(Siehe Seite 150–151 von Brennpunkt.)

6 Das Eurode Business Center

Schreiben Sie Werbematerial für das
Eurode Business Center.

Das gemeinsam geplante Projekt
‚EBC' Eurode Business Center soll je
zur Hälfte auf niederländischer und
deutscher Seite entstehen. Geplant
sind Zweigstellen von
Arbeitsvermittlungsorganisationen,
Rechtsanwaltskanzleien,
Steuerberater, Versicherungs-
agenturen, Werbe- und Marketing-
agenturen sowie Technologie-
transfereinrichtungen.

7 ∩ Wie mache ich mich fit für Europa?

Hören Sie sich die Kassette ‚Wie mache ich mich fit für Europa?' an, ein Auszug
aus einer Radiosendung für Studenten. Welche Tipps gibt die Berufsberaterin?
Machen Sie Notizen zu den folgenden Themen:
• Persönlichkeit
• Sprachkenntnisse
• Auslandsaufenthalte
• Bewerbung und Papiere

⑬ Unter dem Einfluss...

Fernsehen oder Fernhalten?
(Siehe Seite 157 von Brennpunkt.)

1 🎧 **Durch Brutalität auf dem Bildschirm beeinflusst**

Hören Sie sich die Kassette an. Welche Satzteile gehören der Kassette nach zusammen? Vorsicht! Es gibt mehr Satzenden als Satzanfänge!

i   Beim Betrachten der Fernsehsendungen ist es klar, dass …

ii Eine Untersuchung von Computerspielen und Cartoons zeigt, dass …

iii Die Wirkung der Gewalt wird verstärkt, da …

iv Aggressionen müssen ‚abgelassen' werden, nachdem …

v   Aggressives Verhalten ist nur eine Folge davon, da …

vi Es gibt so viel Gewalt auf dem Bildschirm, dass …

A … Kinder und Jugendliche Brutalität auf dem Bildschirm gesehen haben.

B … viele Kinder und Jugendliche sie als normales Verhalten akzeptieren.

C … viele Kinder die Gewalt satt sind.

D … Kämpfe und Tode aller vorstellbaren Arten dargestellt werden.

E … Gewaltszenen auch zu Angstfällen und Problemen beim Schlafen führen können.

F … es ein Übermaß an Gewalt gibt.

G … Kinder und Jugendliche wenige Möglichkeiten für ‚normales Verhalten' haben.

H … bedrohliche Musik und Toneffekte hinzugefügt werden.

Was ist mit unserer Gesellschaft los?
(Siehe Seite 158–159 von Brennpunkt.)

2 **Hinter den Statistiken**

Lesen Sie den Text rechts. Ein(e) Freund(in), der / die wenig Deutsch spricht, will mehr über Verbrechen und Strafvollzug in Deutschland herausfinden. Beantworten Sie seine / ihre Fragen auf Englisch.

a What gender and age differences can be seen in the German crime figures?

b What trends have emerged since the mid-1980's?

c What are the laws for the punishment of children, teenagers and adolescents who have committed criminal offences?

Hinter den Statistiken

Unterscheidet man zwischen kriminologisch wichtigen Personengruppen, so ergibt sich ein unterschiedliches Bild: Männer in Deutschland werden ungefähr sechsmal so oft straffällig wie Frauen, Heranwachsende mehr als doppelt so häufig wie Erwachsene.

Betrachtet man die Entwicklung der Verurteiltenziffern in den vergangenen zwei Jahrzehnten, so zeigt sich ab Mitte der 80er Jahre insgesamt ein Rückgang der Straffälligkeit. Allerdings sind seit Beginn der 90er Jahre insbesondere bei den männlichen Heranwachsenden zwischen 18 und 21 Jahren die Verurteiltenziffern wieder deutlich angestiegen.

Kinder unter 14 Jahren können in Deutschland strafgerichtlich nicht belangt werden. Straffällig gewordene Jugendliche zwischen 14 und 18 Jahren (sowie unter bestimmten Voraussetzungen auch Heranwachsende) werden nach dem Jugendstrafrecht verurteilt. Dieses stellt den Erziehungsgedanken in den Vordergrund. Freiheitsentziehende Strafen werden bei Jugendlichen nur bei besonders schweren oder wiederholten Straftaten verhängt.

3 🎧　Der Staat kann nicht alles

Hören Sie sich das Interview mit Hamburgs Justizsenator auf der Kassette an. Ergänzen Sie dann die folgenden Sätze.

a　Obwohl Schutz der Öffentlichkeit wichtig ist, ...
b　Elf von 16 Bundesländern ... , weil ...
c　Besser als geschlossene Heime ...
d　Man sollte Strafvollzug möglichst vermeiden, weil ...
e　Kontroverse Maßnahmen wie ...
f　Wenn man die Probleme lösen will, ...

5　Von zwei Übeln das Kleinere?

a　Lesen Sie alle Texte auf Seite 208 und 209, die von Tabak und Alkohol handeln.
b　Sehen Sie sich Seite 56, 160 und 161 noch mal an. Welche der zwei Drogen finden Sie gefährlicher? Warum? Halten Sie eine kurze Rede (ca. 5-8 Minuten), in der Sie die Gefahren der zwei Substanzen vergleichen und Ihre Meinung dazu aüßern.

Illegal, aber doch vielen egal ...
(Siehe Seite 162–163 von Brennpunkt.)

6　Modellversuch zur Heroinabgabe

Lesen Sie den Text rechts.
a　Sammeln Sie die im Text erwähnten Vorteile dieses Projekts.
b　Aus welchen Gründen könnten einige Leute das Projekt kritisieren? Suchen Sie einen Grund im Text und versuchen Sie andere mögliche Kritiken hinzuzufügen.
c　Sind Sie für oder gegen solche Projekte? Warum? Schreiben Sie einen Brief von ca. 200 Wörtern an Professor Kolkmann, in dem Sie Ihren Standpunkt erklären.

Zum Lesen
(Siehe Seite 209 von Brennpunkt.)

7　Sensationspresse!

✎ Schreiben Sie mindestens zwei Berichte auf Seite 209 im Stil einer Boulevardzeitung um. Erfinden Sie neue Schlagzeilen und versuchen Sie die ‚Storys' so dramatisch wie möglich darzustellen.

Gesellschaftlich akzeptabel?
(Siehe Seite 160–161 von Brennpunkt.)

4　🎧　Alkohol

Nennen Sie mindestens drei Bilder für den Alkohol, die im Refrain dieses Lieds von Herbert Grönemeyer vorkommen.

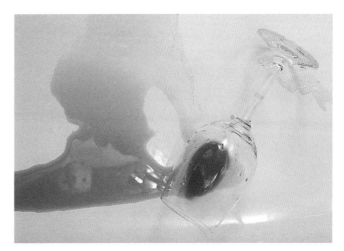

Modellversuch zur Heroinabgabe

Einen ‚Modellversuch zur Heroinabgabe an Schwerstabhängige' haben Ärzte in Baden-Württemberg gefordert. Wie der Präsident der Landesärztekammer, Professor Friedrich Kolkmann, betonte, sei die Abgabe von Heroin an Schwerstabhängige keine Kapitulation vor der Sucht, sondern vergrößere nur die Vielfalt der Therapieansätze.

In der Schweiz, so Kolkmann weiter, sei dadurch eine deutliche Verbesserung des körperlichen Zustands der Drogenabhängigen zu verzeichnen. Dazu ist es zu einer Verbesserung der sozialen Verhältnisse gekommen - die Arbeitslosigkeit sank von 44 auf 20 Prozent. Rückläufig war auch, so war von Kolkmann zu erfahren, der illegale Drogenkonsum.

Die positiven Ergebnisse von Modellen mit dieser Abgabe von Originalstoffen in der Schweiz sowie in England und in den Niederlanden lieferten laut Kolkmann eine ausreichende Begründung, auch in der Bundesrepublik diese Wege zu beschreiten. Die Abgabe von Heroin ist für die Ärzte allerdings ‚das letzte Mittel' einer Suchtbehandlung. Teilnehmen sollten nur Menschen, die schon seit längerer Zeit abhängig seien und ohne Erfolg mehrere Therapien hinter sich hatten.

Welches ist das beste Land?

(Siehe Seite 166–167 von Brennpunkt.)

1 Stereotype

Übersetzen Sie das Poster mit Hilfe eines Wörterbuchs ins Englische.

Stereotype

Jeder Mensch verwendet manchmal Stereotypen.

Stereotype sind vorgefertigte Bilder in unserem Kopf.

Wir übernehmen diese Bilder von anderen, ohne sie selbst zu überprüfen.

Stereotype lassen eine komplizierte Welt einfacher erscheinen.

Sie sind zum Teil hilfreich, weil wir immer zu wenig wissen.

Sie sind zum Teil gefährlich, wenn sie uns hindern, aus neuen Erfahrungen zu lernen und unser Bild von der Welt zu ändern.

2 ∩ Das deutsch-polnische Jugendwerk

Hören Sie sich den Radiobericht ‚Das deutsch-polnische Jugendwerk' und beantworten Sie die folgende Fragen.
  a Wie viele Jugendliche haben durch das deutsch-französische Jugendwerk schon Freundschaften geschlossen?
  b Was will das deutsch-polnische Jugendwerk?
  c Wie sind die Polen laut der Deutschen?
  d Wie sind die Deutschen laut der Polen?
  e Warum gibt es Schwierigkeiten wegen der Sprache?
  f Warum gibt es Schwierigkeiten wegen des Geldes?
  g Was soll das Jugendwerk machen?
  h Was soll die Jugend erhalten?

Heimat – Was ist das?

(Siehe Seite 168–169 von Brennpunkt.)

∩ Meine Heimat

3 Lesen Sie den Lückentext. Versuchen Sie Wörter im Kasten zu finden, die in die Lücken passen könnten. Hören Sie sich dann den Hörtext gut an. Hatten Sie Recht?

Journalist: Und Sie, Olu, Sie wurden in Neuss bei Düsseldorf geboren, aber Ihr Vater kommt aus Nigeria. Was ist Heimat für Sie?

Olu: Also, ich war (1)......................... ein Jahr alt, als meine Eltern sich (2)......................... haben, nach Nigeria zu ziehen, in das Heimatland meines Vaters. Drei Jahre später ist die Familie nach Deutschland (3)........................ , aber mein Vater ist da geblieben. Mit 12 habe ich (4)......................... entschieden, bei ihm zu leben, und bin, wie ich (5)........................, für immer nach Nigeria gegangen.

Journalist: Wie lange sind Sie dann dort geblieben?

Olu: Nur zwei Jahre. Mein Denken und Fühlen war (6)......................... von meinem Leben in Deutschland. Ich liebe Nigeria, muss auch immer mal wieder (7)......................... - für mein seelisches (8)......................... . Aber wenn ich etwas Heimat nennen müsste, dann ist es Deutschland.

Ausland	Auswanderung	dachte	entschlossen
geblieben	geprägt	gerade	geschieden	glaube
Gleichgewicht	Hauptgrund	hin	mich	Sprache
zurückgekommen	Zeit

Deutsche im Ausland

(Siehe Seite 170 von Brennpunkt.)

4 Im Barossa-Tal, Australien

Lesen Sie die Texte über das Barossa-Tal und beantworten Sie die Fragen unten.

Hier gründeten deutsche Auswanderer vor mehr als 150 Jahren mehrere Dörfer. Heute ist das Tal das ‚deutsche Zentrum' Australiens und der Mittelpunkt des Weinbaus auf dem fünften Kontinent.

Die deutschen Auswanderer waren ‚Alt-Lutheraner'. Auch heute noch sind hier die meisten Leute Lutheraner. Fast in jedem Dorf gibt es zwei lutherische Kirchen.

Hartmut Lahn. Seine Familie kam im letzten Jahrhundert von Deutschland nach Australien. Er gehört zur 5. Generation und war noch nie in Deutschland. Aber er spricht perfekt Deutsch – wie viele Leute im Barossa-Tal.

Das Bethanien-Weingut am Fuß der Kaiserstuhl-Berge. Kaiserstuhl heißt auch ein bekanntes Weinbaugebiet in Südwest-Deutschland. Die 30 Weingüter im Barossa-Tal produzieren zusammen etwa 30 Millionen Liter Wein pro Jahr.

Hahndorf liegt in den Adelaide Hills zwischen dem Barossa-Tal und Adelaide, der Hauptstadt des Landes Südaustralien. Außer Hahndorf gibt es in den Adelaide Hills noch andere Dörfer mit deutschen Namen wie Lobethal, Grunthal und Blumberg. Überall, wo man hinkommt, sieht man deutsche Schilder.

Der 1886 gegründete ‚Süd-Australische Allgemeine Deutsche Verein' fördert die deutsche Sprache und Kultur und veranstaltet jedes Jahr ein ‚Schützenfest' – ein traditionelles deutsches Volksfest.

a Warum nennt man das Barossa-Tal den Mittelpunkt des Weinbaus in Australien?

b Woran erkennt man, dass Hartmut Lahn deutscher Abstammung ist?

c Was macht der SAADV, um deutsche Traditionen zu erhalten?

d Nennen Sie vier Dörfer im Barossa-Tal mit deutschen Namen! Was bedeuten die Namen?

5 🎧 **Deutsche in Australien**

Hören Sie sich den Auszug aus ‚Deutsche in Australien' an, einer Dokumentarsendung über Deutschsprachige in der ganzen Welt. Sind die folgenden Sätze richtig (R) oder falsch (F)? Verbessern Sie die falschen Sätze.

a Die ersten deutschen Siedler kamen 1836 nach Australien.

b Sie verließen Deutschland aufgrund religiöser Verfolgung.

c Die Siedler erzeugten Getreide und Milchprodukte.

d Sie wohnten nicht gern in Südaustralien.

e Die zwei Weltkriege haben die Deutschen unbeliebt gemacht.

f Deutsch als Fremdsprache lernt man heute nicht mehr in australischen Schulen.

Deutschland und die Welt

(Siehe Seite 172–173 von Brennpunkt.)

6 🎧 **Auch im Radio**

Hören Sie sich die folgenden fünf Auszüge aus Radioberichten an. Wählen Sie jeweils die Nummer des Zeitungsartikels auf Seite 172 von Brennpunkt, auf die sich der Radiobericht bezieht. Ein Zeitungsartikel bleibt übrig.

Radiobericht	a	b	c	d	e
Nummer des Zeitungsartikels					

Die Bundeswehr im Auslandseinsatz

(Siehe Seite 174–175 von Brennpunkt.)

7 **Kriegsgegner oder Friedensfreunde?**

Die Absätze des Zeitungsartikels unten über die NATO-Angriffe auf Jugoslawien sind in der falschen Reihenfolge. Ordnen Sie sie.

1	2	3	4	5
b				

a ‚Nein zum Einsatz der Bundeswehr in diesem Krieg!' heißt es in einer PDS-Erklärung. Eine Haltung, die mittlerweile von vielen Mitgliedern der Grünen geteilt wird.

b Die NATO will Slobodan Milosevic zur Vernunft bomben. Ihre Luftangriffe sollen der albanischen Mehrheit in der Provinz die Autonomie bringen.

c Der Unterschied besteht darin, dass der Antimilitarismus, der von den Rechten so geschätzt wird, am Ende doch alles andere ist als echter Pazifismus.

d Plötzlich wollen die Rechtsextremisten die eifrigsten Friedensfreunde sein. Die Republikaner befürchten eine ‚Demontage der Vereinten Nationen', wie viele Grünwähler es seit Beginn des Konflikts tun.

e Aber der Krieg droht zu eskalieren. Die Rechte und die Linke gehen mit frappierend ähnlichen Argumenten gegen den NATO-Einsatz auf dem Balkan an.

15 Es liegt an uns

Das Ende des Versuchskaninchens

(Siehe Seite 178–179 von Brennpunkt.)

1 🎧 **Eine Notwendigkeit?**

Hören Sie sich die Radiodiskussion ‚Eine Notwendigkeit' an. In welcher Reihenfolge werden die Argumente unten erwähnt?

1	2	3	4	5	6
e					

a Eine ganzheitliche Medizin ist nicht im Reagenzglas oder an Computersimulationen testbar, und eine Erprobung am lebenden Organismus, der auch Blutdruck und Verdauung hat, ist nach wie vor unerlässlich.

b Es stimmt nicht, dass Versuchstiere durch das Verfahren unerträgliche Qualen erleiden. Die Tiere werden wo nötig betäubt.

c Das Ergebnis eines Tierversuchs gilt generell nur für das eingesetzte Versuchstier und das getestete Präparat oder den überprüften Eingriff und ist nicht notwendigerweise auf den Menschen übertragbar.

d Man sollte ebenso viel Geld für geeignete Reagenzglasmethoden ausgeben, wie bisher für Tierversuche.

e Die Erkenntnisse über Entstehung und Verlauf von Krankheiten, Operationstechniken sowie Arzneimittel, die aus Tierversuchen resultieren, helfen fast allen Menschen.

f Man sollte in erster Linie Studien mit in-vitro-Methoden durchführen. Da geht um Untersuchungen mit schmerzfreier Materie in Form von Mikro-organismen und Gewebeproben.

Einstieg in das Gen-Food-Zeitalter

(Siehe Seite 180–181 von Brennpunkt.)

2 🎧 **Gen-Mais-Verbot?**

Lesen Sie den Text und füllen Sie die Lücken mit Wörtern aus dem Kasten aus. (Achtung! Ein Wort bleibt übrig.) Hören Sie sich dann die Kassette ‚Gen-Mais-Verbot?' an und überprüfen Sie Ihre Antworten.

Hamburg: Ärzte und Mediziner sind besorgt über den .... von Antibiotika-Resistenzgen in Gen-Mais. Greenpeace fordert von der Europäischen Kommission umgehend ein europaweites .... des Gen-Mais.

Laut Greenpeace liege das Risiko in der ...., dass das eingebaute Antibiotika-Resistenzgen aus der Pflanze auf gesundheitsschädliche .... übergehe. Werde Gen-Mais als Tierfutter oder als .... verwendet, könne das Gen in krankheitserregenden Bakterien aufgenommen werden, die dann gegen .... immun wären.

Der französiche Staatsrat (Conseil d'Etat) hatte wegen dieser .... bereits im September dieses Jahres ein einstweiliges Verbot gegen Gen-Mais verhängt. „Eine Einschätzung der .... auf die menschliche Gesundheit sei auf Basis der gelieferten Unterlagen nicht möglich." hieß es in der Urteilsbegründung.

> Antibiotika   Bedenken   Einsatz   Gefahr   Gentechnik
> Keime   Langzeiteffekte   Lebensmittel   Verbot

Ein Schritt vor und zwei zurück

(Siehe Seite 182–183 von Brennpunkt.)

3 🎧 **Die Physiker**

Sollten Wissenschaftler die Verantwortung für die negativen Folgen ihrer Entdeckungen tragen? Lesen Sie die Zitate unten mit Hilfe eines Wörterbuchs. Hören Sie sich dann diese Ausschnitte aus dem Theaterstück ‚die Physiker' an und ergänzen Sie die Zitate.

a Wir haben P............................. z......... l............................. und nichts außerdem. Ob die Menschheit den Weg zu gehen versteht, den wir ihr bahnen, ist ihre Sache, nicht die unsrige.

b Doch dürfen wir die V............................. n............................. a............................. Wir liefern der Menschheit gewaltige Machtmittel. Das gibt uns das Recht, Bedingungen zu stellen.

c Wir müssen entscheiden, z......... w............................. G............................., wir unsere Wissenschaft anwenden.

d Es gibt Risiken, die man nie eingehen darf. Der U............................. d......... M............................. ist ein solches.

Macht über Leben und Tod – der Gipfel des Fortschritts?

(Siehe Seite 184–185 von Brennpunkt.)

4 🎧 **Wie ein Baum, den man fällt**

Hören Sie sich das Lied ‚Wie ein Baum, den man fällt' von Reinhard Mey an und lesen Sie den Text unten. Welche drei Interpretationen unter dem Text treffen zu?

a Er lebt gerne.
b Er freut sich auf den Herbst.
c Er glaubt, er sei ein Baum.
d Den Tod kann man letztendlich nicht vermeiden.
e Er möchte auf einem Feld sterben.
f Er möchte nach einem großen Streit sterben.
g Er muss sich vom Schreiner verabschieden.
h Er verlässt sein Haus nicht gerne.
i Er will sterben, bevor er zu alt wird, das Leben zu genießen.
j Sein Leben ist ihm lästig.

Diese Menschen warten auf Hilfe

(Siehe Seite 186–187 von Brennpunkt.)

5 **Die Unschuldigen tragen die Last des Kriegs**

Lesen Sie den Text und erklären Sie die Statistiken auf Englisch.

Seit 1945 gab es mehr als 167 Waffenkonflikte auf unserer Welt! Die Bilanz daraus: 20 Millionen Tote und viele Millionen Verletzte! Heute sind neun von zehn Kriegs- und Konfliktopfern Zivilpersonen. Und unter den Zivilpersonen sind neun von zehn Opfern Frauen, Kinder, alte Menschen – sie stehen Verletzungen und Tod hilflos gegenüber. Ihr Leid entwürdigt die gesamte Menschheit!

Self-study Booklet

1 Wer sind wir?

1 Wer denkt was?

(Self-study Booklet page 2)

Nummer 1: Als Kind hatte ich nur selten eine eigene Meinung.
Nummer 2: Erwachsene träumen nicht mehr.
Nummer 3: Ich hoffe, dass mein Leben und Beruf interessant werden.
Nummer 4: Ich möchte länger ausbleiben.
Nummer 5: Abends gehe ich gern aus.
Nummer 6: Im Moment bin ich arbeitslos.
Nummer 7: Mit dem Erwachsenwerden bekommt man immer mehr Rechte.
Nummer 8: Ich erkenne meine Grenzen und Fähigkeiten.
Nummer 9: Das Wichtigste für mich ist heute, nicht morgen.
Nummer 10: Ich hoffe, dass ich später einen Job finde.
Nummer 11: Ich kann meinen Eltern viel sagen.
Nummer 12: Nicht alle Erwachsenen sind psychisch erwachsen.

2 Unsere Sprache: Das deutsche ‚r' und Zungenbrecher

(Self-study Booklet page 2)

Viele Ausländer finden es schwer, das deutsche ‚r' richtig auszusprechen.

Nummer 1: Rollschuhe.
Nummer 2: Brennpunkt.
Nummer 3: Frisch gestrichen.
Nummer 4: Grüß dich! Ein Dreikornbrot, bitte.
Nummer 5: Drei reiche Schweizer sprechen französisch.

Schwyzerdütsch:
    Ich spilä
    due spilsch, alli spiläd.
    I schpil guet, i minerä Rollä.
    Aber mängmol vergäss i dä Täxt.
    Dänn fragt mä: Was isch los?
    Nüt, säg i und dödamit goht
    s'Schpil wiiter.
    Mier alli schpiläd üseri Rollä guet.
    Uesers Theaterstück: Läbä!

    Ich spiele,
    du spielst, alle spielen.
    Ich spiele gut, in meiner Rolle.
    Aber manchmal vergesse ich den Text.
    Dann fragt man: Was ist los?
    Nichts, sage ich und damit geht
    das Spiel weiter.
    Wir alle spielen unsere Rolle gut.
    Unser Theaterstück: Leben!

3 Desperado

(Self-study Booklet page 2)

Desperado, du **reitest** nun schon seit Jahren
Allein und verloren durch die Prärie
So hart und rastlos **bist** du auf der Suche
Doch hier in der Einsamkeit **findest** du dich nie
Du **treibst** dein Pferd die Hügel hoch
In den Canyons **hängt** dein Echo
Was du **suchst**, das **weißt** nur du allein
Das nächste Tal kann noch grüner sein
Und dahinter **glänzt** Gold im Sonnenschein
Vielleicht **ist** das endlich dein El Dorado
Desperado, du **belügst** dich, und du **wirst** nicht jünger
Schmerzen und Hunger **brechen** dich bald
Freiheit, Freiheit, so **nennen**'s die anderen
Doch für dich **wird**'s zum Gefängnis
Darin **wirst** du schwach und alt.

4 Werbespots

(Self-study Booklet page 3)

Nummer 1: OK, das **ist** John. Der **wäscht sich** gründlich jeden Tag. Rick auch, logo! Johns Seife **riecht** ganz gut. Ricks Waschgel **macht** sauber, bis in die Poren. Johns Seife **sieht** ganz lustig **aus**. Ricks Waschgel **killt** Bakterien. Johns Seife **hat** einen tollen Namen. Ricks Waschgel **heißt** Clearasil. John **hat** noch was Feines: Pickel. Rick **hat** keine! John **geht** nur noch mit Helm. Rick **geht** mit Carola! Clearasil Waschgel – besser als Wasser und Seife.

Nummer 2: Ich **liebe** leben ganz spontan, wenn ich **kann**, ich **bin** so frei, Nescafé **ist** dabei. Ich **liebe** was der Tag mir **bringt**, wenn's **gelingt**, ich **bin** so frei, Nescafé **ist** dabei. Ich **bin** so frei.

Nummer 3: Bei dem Stress hier am Flughafen **muss** ich mein Deo öfter verwenden. Ich **nehm** den neuen milden BAC-Stift, weil der auf der Haut nicht **brennt** und mild und frisch **ist** – „May I help you, Sir?" – mild auf der Haut, frisch für den Tag, BAC, das **ist** das Deo, das Sie **mögen**! BAC.

6 Erwachsene

(Self-study Booklet page 3)

Von Erwachsenen erwartet man, dass sie verständig und ordentlich sind. Sie müssen arbeiten und immer einen Ausweg wissen, nicht auf die eigenen Gefühle achten. Sie dürfen keine Fehler machen und können ins Gefängnis kommen. Niemand ist für sie verantwortlich, sie müssen selber auf sich aufpassen, selber für sich geradestehen. Sie werden nicht von einem anderen Menschen beschützt. Außerdem haben sie oft so wenig Phantasie.

Ich möchte nicht erwachsen werden!

Erwachsene dürfen abends weggehen, wohin und wie lange sie wollen. Niemand mischt sich in ihre Angelegenheiten (oder vielleicht doch auch). Sie werden für voll genommen und können wählen.

Ich möchte erwachsen werden!

Johanna Castell, 14 Jahre, München

2 Zusammen oder allein?

2 Phone-in

(Self-study Booklet page 4)

Dr. Sommer: Und jetzt Monika aus Rüsselsheim … Hallo, Monika!

Monika: Hallo … Ja … . Ich brauche eure Hilfe. Meine Mutter will bald heiraten. Aber ich hasse meinen künftigen Stiefvater. Er versucht, den Chef zu spielen und mir alles vorzuschreiben. Seitdem er bei uns ist, kümmert sich meine Mutter nicht mehr so um mich wie früher und meckert mich sehr oft an. Wenn ich traurig bin, fragt sie nicht, was los ist. Ich kann jetzt nicht mehr mit ihr über alles reden. Ich habe ihr gesagt, dass ich es nicht verkrafte, wenn sie ihn heiratet, aber sie kann mich nicht verstehen. Ihr Entschluss, ihn zu heiraten, steht fest. Ich kann sie einfach nicht verstehen. Bitte helft mir, denn ich glaube, dass sie mich vernachlässigt.

Können Sie Monika Rat geben? Hören Sie dann, wie das Dr.-Sommer-Team Monika antwortet.

Dr. Sommer: Sicher empfindest du den Verlobten deiner Mutter als Eindringling, der versucht, dir deine Mutter wegzunehmen, oder? Aber keine Angst, Monika: Deine Mutter mag dich deshalb genauso gern wie früher.

Berater: Vielleicht hat sie jetzt ein bisschen weniger Zeit für dich, das kann schon sein. Aber du musst auch verstehen, dass auch deine Mutter Liebe braucht. Schließlich muss sie ja auch mal akzeptieren dass <u>du</u> einen Freund hast. Aber dann braucht sie doch auch nicht zu denken, dass du sie nicht mehr magst, nur weil du einen lieben Partner gefunden hast, oder? Sprich mit deiner Mutter offen über ihre Beziehung zu diesem Mann. Er sollte aber auf alle Fälle respektieren, dass du erwachsen wirst und immer mehr Verantwortung für dich selbst übernimmst.

4 Unsere Sprache – wie man 'u' und 'ü' ausspricht

(Self-study Booklet page 5)

a Das deutsche ‚u' spricht man mit Umlaut ‚ü' (lang) oder ‚ü' (kurz). Wiederholen Sie ‚u', ‚ü', ‚ü'.

Nummer 1: unter
Nummer 2: über
Nummer 3: ein Bruder
Nummer 4: zwei Brüder
Nummer 5: Mach die Tür zu, bitte!
Nummer 6: Du bist so süß. Ich lebe nur für dich!
Nummer 7: Komm zurück!
Nummer 8: Mein Rückflug ist am fünften Juni.

c Sehen Sie sich die Lösung für Übung 3 an. Lesen Sie jede Lösung laut vor, und achten Sie dabei besonders auf ‚u' und ‚ü'. Vergleichen Sie dann Ihre Aussprache mit der Aussprache auf der Kassette.

1 Sie sind **u**nordentlich und nie p**ü**nktlich.
2 Sie haben einen P**u**tzfimmel.
3 Sie gehen **u**ngern z**u**m Arzt.
4 Sie sind z**u** **u**nentschlossen.
5 Sie erzählen z**u** wenig von ihrem Ber**u**f.
6 Sie f**ü**hren z**u** lange Telefongespräche.

7 Familienleben?

(Self-study Booklet page 5)

Tochter: Vati, wann besuchen wir Oma wieder? Können wir am Wochenende zu ihr fahren?

Vater: Na ja, das ist ein bisschen schwierig, jedes Wochenende scheint etwas los zu sein… . Ach nein, das geht nicht, ich bin mit der Volleyballmannschaft weg, und Mutti hat vor, mit dir in die Stadt zu gehen um dir Wintersachen zu kaufen.

Tochter: Toll! … Aber, wir haben Oma seit langem nicht gesehen … Vati, warum wohnt Oma nicht bei uns, dann könnten wir sie jeden Tag sehen.

Vater: Weil sie lieber im Heim wohnt. Außerdem haben wir nicht genug Platz hier für sie.

Tochter: Aber Annas Oma wohnt doch auch bei ihrer Familie . …

Vater: Ja, vielleicht, aber …

Tochter: Anna sagt, es ist toll, ihre Oma da zu haben, weil sie immer Karten spielen will und Bonbons hat und so … Und wenn ihre Eltern ausgehen, macht es viel Spaß, bei der Oma zu bleiben.

Vater: Das ist ja schön, aber, weißt du, deine Oma ist nicht so jung, wie sie war, und wird schnell müde. Im Heim gibt es viele nette Pflegerinnen, die für Oma sorgen können.

Tochter: Aber als wir sie vor ein paar Wochen gesehen haben, sah sie gar nicht müde aus! Ich glaube, sie sieht sehr fit aus.

Vater: Ach, lass das jetzt! Solche Sachen verstehen kleine Kinder nicht. (…)

Tochter: Vati, könnten wir nicht die Garage in eine kleine Wohnung für Oma umbauen? Sie könnte bei uns essen und fernsehen, aber da schlafen. Das wäre wirklich klasse!

Vater: Das ist eine nette Idee, Schatz, aber so viel Geld haben deine Mutter und ich im Moment nicht.

Tochter: Dann beginne ich von nun an, mein Taschengeld zu sparen!

Vater: Das genügt jetzt! Ich will meine Zeitung zu Ende lesen, bevor ich zum Stammtisch gehe. (…)

Tochter: Vati, glaubst du wirklich, dass Oma lieber im Heim wohnt?

Vater: Natürlich wohnt sie lieber da. Da hat sie viele Freunde in ihrem Alter, weißt du, und das macht ihr viel Spaß. Außerdem glaube ich, dass Oma nicht so gut mit unseren Freunden auskommen würde. Ihre Generation sieht die Welt anders als unsere.

Tochter: Aber Annas Großmutter sagt, sie ist gerne mit jungen Leuten zusammen. Dadurch bleibt sie selbst jung, sagt sie.

Vater: Das mag wohl sein, aber Annas Oma ist nicht deine Oma. Jetzt Schluss damit! Mach dir keine Sorgen darum, wir sehen Oma bald wieder. Vielleicht kannst du am Samstag ein kleines Geschenk für sie kaufen, wenn du mit Mutti in der Stadt bist.

3 Pause machen!

1 Sportreporter

(Self-study Booklet page 6)

Jetzt kommen wir wieder, auf der rechten Seite greift Österreich an, da kommt die Flanke rein, drei Mann – Tor! Tor! Tor! Tor! 1 : 1, meine Damen und Herren! Ich glaube, Berti Vogt hat den Ball ins Netz gedrückt. So, jetzt wieder. Das Leder bei … schöne Möglichkeit: Krankl – Schuss und gleich: Tor! Tor! Tor! Also, ich kann nicht mehr: 21. Minute! Krieger zu Krankl, und der Krankl hat den Ball volley genommen, über'n Kopf und genau in die Kreuzecke. Damit 2 : 1 für Österreich!

2 Unsere Sprache: Wie spricht man ‚ch' richtig aus?

(Self-study Booklet page 6)

Die zwei Buchstaben ‚ch' spricht man normalerweise so: nach ‚i', ‚e' und ‚u': ‚ch', z.B. ich, Pech, Tuch; nach ‚a' und ‚o': ‚ch', z.B. ach, doch.

Nummer 1: Küche.
Nummer 2: Lach doch nicht!
Nummer 3: Ein bisschen.
Nummer 4: Ach! Die Milch reicht nicht und riecht schlecht!

Es gibt auch Varianten bei den regionalen Akzenten, z.B. mit dem Wort ‚ich'.

Hier spricht ein Mann aus Berlin:

„Ick bin in Berlin jeboren und sprecke Berlinerisch."

Und hier spricht ein Mann aus Köln:

„Isch wohne in Köln und spresche Kölsch."

4 Urlaubscheckliste

(Self-study Booklet page 6)

„Karl-Heinz! Sofort umdrehen – ich hab was vergessen!"

Damit Sie beim Start in den Urlaub keine Panne erleben, hat Nescafé eine praktische Idee für Sie: die Nescafé-Urlaubscheckliste. Da steht alles drauf, was Sie auf keinen Fall vergessen sollten, zum Beispiel ein Glas Nescafé, damit Sie auch im Urlaub nicht auf Ihren gewohnten Kaffeegenuss verzichten müssen.

Die Nescafé-Urlaubscheckliste. Jetzt überall im Handel oder mit einem frankierten Rückumschlag direkt von Nescafé erhältlich – Postfach 100, 6000 Frankfurt.

6 Algenpest

(Self-study Booklet page 7)

Rensburg: Im nordfriesischen Wattenmeer bilden sich wieder große Algenteppiche. Experten machen die Überdüngung der Ostsee dafür verantwortlich. In den vergangenen Jahren hatten die Algenteppiche das Leben in einigen Teilen der Ostsee ausgelöscht.

4 Die Qual der Wahl?

1 Sieben Jahre Sinnloses gelernt?

(Self-study Booklet page 8)

1989, als die Berliner Mauer fiel, waren Astrid und Sebastian 13 Jahre alt und wohnten in Erfurt. Heute erinnern sie sich an ihre Schulzeit in der ehemaligen DDR . . .

Astrid: Wir wussten alle, dass der Unterricht falsch war, doch wir haben nichts gesagt; nur gelernt – sonst gab es Schwierigkeiten.

Sebastian: Präsentiert wurde uns eine ideale Welt: Keine Arbeitslosen, keine Drogen, ein perfektes Bildungswesen und glückliche, zufriedene Menschen. Auf der anderen Seite der Mauer stand das Schreckensbild des Kapitalismus: Massen von Arbeitslosen, Unterdrückung, ungesicherte Existenz …

Astrid: Und dabei haben wir alle Westfernsehen geguckt und gewusst, wie es wirklich war.

Sebastian: Nachdem die Mauer im November 1989 fiel, war auf einmal alles anders. Die Situation war schon komisch. Plötzlich mussten wir in der Schule sagen, was wir selbst über Politik und Gesellschaft dachten und darüber diskutieren – das war etwas Neues für uns.

Astrid: Ich ärgerte mich nachher darüber, dass ich sieben Jahre lang viel Sinnloses gelernt habe. Ich wusste nichts über die USA oder die Geschichte Europas vor 1900 oder über die Europäische Gemeinschaft. Kann ich diese Lücken jemals füllen?

Sebastian: Der Vorteil davon aber war, dass wir nachher eine größere Motivation zu lernen hatten. Ich wollte die verschwendeten Jahre nachholen und eine neue Perspektive kriegen. Ich glaube nicht, dass alle Lehrer früher die Partei unterstützt haben. So schlimm war der Unterricht nicht. Ich glaube eigentlich, dass wir viel kritischer waren, weil wir in der DDR wohnten. Das kann ja auch positiv wirken.

2 Unsere Sprache: Wie man ‚s' und ‚z' ausspricht

(Self-study Booklet page 8)

Das deutsche ‚s' vor einem Vokal klingt wie ein englisches ‚z' … **S**o … … So ähnlich wie die Aussprache des englischen Wortes ‚**z**ebra'. Wiederholen Sie: ‚**s**o', ‚**s**o', ‚**s**o'.

Das deutsche ‚z' dagegen klingt wie ‚t – s' auf Englisch … **z**um Beispiel hier. Wiederholen Sie: ‚**z**um', ‚**z**um', ‚**z**um'.

Beachten Sie den Kontrast: **s**o **z**um Thema!

Wiederholen Sie jetzt die folgenden Beispiele:
1 Was **s**ind deine **Z**ukunftspläne?
2 Es ist mein **Z**iel, nach **S**üdafrika **z**u fahren.
3 Dein **Z**ukunftstraum ist ja **s**uper!
4 Al**s**o, **S**usi, gehen wir jetzt **z**um **Z**oo, um **Z**ebras **z**u **s**ehen?
5 Jetzt, liebe **Z**uschauer, **s**ehen **S**ie eine **S**endung aus **Z**ürich.

6 Diese **S**endung ist **s**ehr **s**innlos und **z**u **s**entimental.
7 Es ist mein **Z**iel, mir ein **Z**immer **z**u **s**uchen.
8 **S**o … es gibt **z**ahlreiche Anzeigen in der **S**amstags**z**eitung.
9 **Z**eichnen **S**ie bitte eine **Z**uckertüte, um **z**u **z**eigen, wie **s**ie aus**s**ieht.
10 Das habe ich **z**ufällig aus **Z**wickau in **S**achsen **z**urückgebracht.

4 Studium im Ausland

(Self-study Booklet page 9)

Erasmus

Ein europäischer Humanist, der schon zu Beginn des 16. Jahrhunderts quer durch Europa reiste, um in verschiedenen Ländern Vorlesungen zu halten. Seit 1987 bedeutet der Name auch ‚European Community Action Scheme for the Mobility of University Students' - ein EU - Austauschprogramm, das die Zusammenarbeit zwischen europäischen Hochschulen fördert und den Wunsch nach immer mehr polyglotten Studenten erfüllt.

Das Programm gibt Studenten die Gelegenheit, drei bis zwölf Monate an einer Universität im europäischen Ausland zu verbringen. Sie bekommen dafür ein Stipendium und die Zeit im Ausland gilt als Teil ihres Studiums. Erasmus ist aber kein Vollstipendium. Wer mit dem Programm ins Ausland geht, muss einen Großteil der Kosten selbst tragen. Es nehmen bereits mehr als 180 000 Studenten EG-weit an dem Programm teil. Ziel ist, dass 10% der europäischen Studenten wenigstens ein Semester im Ausland verbringen.

Leonardo

Im Gegensatz dazu ist Leonardo ein europäisches Austauschprogramm im Bereich der beruflichen Bildung. Dieses Programm (nach dem Maler und Wissenschaftler Leonardo da Vinci benannt) ist für Auszubildende, Berufsschüler und junge Arbeiter (bis 27 Jahre). Ziel ist, neben der Verbesserung der Fremdsprachenkenntnisse, auch noch Land und Leute kennenzulernen und dabei zusätzliche berufliche Qualifikationen zu erwerben.

Rund 15 000 Jugendliche machen jedes Jahr ein Arbeitspraktikum oder einen Ausbildungsaufenthalt in einem Land der Europäischen Union. Sie bekommen ein Stipendium mit monatlichen Zuschüssen für Unterkunft und Verpflegung sowie eine Fahrkostenbeteiligung und manchmal noch einen vorbereitenden Sprachkurs. Teilnehmer haben die Wahl zwischen einem kurzen Aufenthalt von drei bis zwölf Wochen oder einem langen Aufenthalt von drei bis neun Monaten.

5 Drück dich aus!

3 Unsere Sprache: Zungenbrecher

(Self-study Booklet page 10)

Nummer 1: Esel essen Nesseln nicht. Nesseln essen Esel nicht.

Nummer 2: In Ulm, um Ulm und um Ulm herum.

Nummer 3: Fischers Fritz fischt frische Fische. Frische Fische fischt Fischers Fritz.

Nummer 4: Siebzehn Schnitzer,
die auf siebzehn Schnitzsitzen sitzen
und mit spitzen Schnitzern Ritzen in
ihr Schnitzholz schlitzen,
wobei sie schwitzen,
sind siebzehn schwitzende, schnitzende,
auf dem Schnitzsitz sitzende,
spitze Schnitzer benützende Schnitzholzritzenschlitzer.

7 Präpositionen mit Präzision!

(Self-study Booklet page 11)

2 Sommerlied

Die Sonne steht hoch **über** der Stadt,
über dem kleinen blauen Fluß,
die Schiffe ziehen ruhig **durch** die Strömung
der silbernen glitzernden Wellen.

Die Hitze ist schwer, die Luft ist dick,
die Straße glüht **unter** den Füssen.
Oh, ich glaub, ich geh **an** einen einsamen See,
lass mich nackt **ins** Wasser gleiten.

Ich lege mich **auf** die kleinen Wellen
und seh die Wolken **durch** den Himmel segeln,
hör die Vögel singen und schrein
in den Weiden, die sich **zum** Wasser neigen.

6   Leib und Seele

2   Unsere Sprache: Marktforschung

(Self-study Booklet page 12)

Wenn man eine Reise durch Deutschland, Österreich und die Schweiz macht, kann man große Dialektunterschiede hören. Sogar einzelne Wörter unterscheiden sich!

Tomaten zum Beispiel heißen ‚Paradeiser' in Österreich. Kartoffeln sind ‚Grumbeeren' im Westen und Südwesten von Deutschland und ‚Erdäpfel' im Süden und Südosten. Ein ‚Brathähnchen' in den alten Bundesländern ist immer noch ein ‚Broiler' in den neuen. ‚Kohl' in Norddeutschland heißt ‚Kraut' im Süden, wo Rotkohl ‚Blaukraut' wird!

Das ‚reinste' Deutsch, das Hochdeutsch, soll im Gebiet um Hannover gesprochen werden.

Nummer 1 Im Rheinland:
– Aiyo … gehe' mir jetzt esse'.
= Na ja … ich gehe jetzt essen.
– Mir drink' gär a Glas Woi dazu!
= Ich trinke gern ein Glas Wein dazu!

Nummer 2 In Hessen:
– Grüß Gott! Zwo Kilo Grumbeeren, bitte.
= Grüß Gott! Zwei Kilo Kartoffeln, bitte.

Nummer 3 In Sachsen:
– Es jibt heut' …
= Es gibt heute …

Nummer 4 In Österreich:
– Zwa Pfund Paradeiser und a Pfund Marillen, bitte.
= Zwei Pfund Tomaten und ein Pfund Aprikosen, bitte.

Nummer 5 In der Schweiz:
– Grüezi, wir ham heut' ganz frische Erdbeeri.
= Grüß dich! Wir haben heute ganz frische Erdbeeren.

Nummer 6 In Berlin:
– Eine janz jroße Bockwurst mit 'nem jehörigen Klacks Senf.
= Eine ganz große Bockwurst mit viel Senf.

4   Teufel Alkohol

(Self-study Booklet page 12)

Eine offensichtlich enorm wirkungsvolle Kneipentour hat einen 35 Jahre alten Mann aus dem Raum Berlin ohne dessen Wissen bis nach Bremen geführt. Der Mann hatte sich am Mittwoch Morgen im Geldautomatenraum einer Bremer Bank zum Schlafen hingelegt. Polizeibeamte weckten den betrunkenen und völlig orientierungslosen Mann. Als er auf der Polizeiwache langsam ausgenüchtert war, bat er die Beamten ihn doch eben "um die Ecke nach Hause" zu fahren. Erschüttert registrierte er, dass seine Kneipentour nicht in Berlin geendet hatte. Wie der Mann von der Hauptstadt in die Hansestadt kam, ist nach wie vor ein Rätsel.

6   Das Verschwinden einer Tochter

(Self-study Booklet page 13)

Und jetzt die alarmierende Geschichte einer Studentin, die von einem auf den anderen Tag ihr Studium aufgab und ihr Elternhaus verließ.

Vor drei Jahren wurde die damals 21 Jahre alte Katharina Verraudi aus Heidelberg von ihrer Freundin Heidi, einer Führerin der katholischen Pfadfinderschaft Europas, nach Furthwangen im Schwarzwald abgeholt. Sie ging, ohne sich von ihren Eltern und Geschwistern zu verabschieden und ohne auch nur einen lieb gewordenen Gegenstand aus ihrem Zimmer im Elternhaus mitzunehmen. Seither haben weder die Familie noch ihre enge Freundin Jutta etwas von dem Mädchen gehört. Katharinas Mutter, Monika Verraudi, berichtet:

Katharina war eigentlich ein netter Mensch, hilfsbereit, offen, hat ihre Grundsätze gehabt. Also prinzipiell lässt sich das aus ihrem früheren Verhalten gar nicht erklären. Man geht da davon aus, dass sie in eine Sekte reingeraten ist. Ich habe ihren Worten entnommen, dass Katharina einer höheren Berufung gefolgt ist, dass sie Gott mehr gehorchen müsse als den Menschen. So war mir klar, dass sie irgendeinem Ruf gefolgt ist, weil sie auch sagte, eine priesterliche Person führt uns. Und mein nächster Schritt ist natürlich: Wer ist dieser Priester? Sie wollte seinen Namen nicht nennen. Ich weiß, es gibt keinen geheimen Priester in der Kirche, da geht irgendetwas nicht mit rechten Dingen zu. Wir haben dann herausbekommen, dass dieser Priester Pfarrer Weigmann heißt, ein früh pensionierter Priester aus Paderborn.

Durch Pfarrer Weigmann und einen Freiburger Gymnasiallehrer geriet Katharina an die Sekte „Little Pebble", übersetzt „kleiner Kieselstein". Im Mittelpunkt dieser obskuren Vereinigung steht der Glaube, dass ihr Gründer, der aus Köln stammende und in Australien aufgewachsene William Kamm, der zukünftige Papst sein wird.

In ihrer Not suchten die Eltern Hilfe bei den Bischöfen und sogar bei dem Vorsitzenden der deutschen Bischofskonferenz, der sagte, die Eltern könnten sich an die zuständige päpstliche Kommission wenden. Doch von dieser Seite kam keine Antwort. Der dortige Vertreter teilte später auf wiederholte Anfrage eines Verwandten mit, dass „Katharina volljährig sei und, soweit uns bekannt ist, frei in ihrer Entscheidung."

Wenn sektiererische Führergestalten junge Menschen in ihre Abhängigkeit bringen, hat die Kirche die Pflicht einzuschreiten. Der Erzbischof von Paderborn forderte Pfarrer Weigmann mehrmals vergeblich auf, zu einem Gespräch nach Paderborn zu kommen. Mittlerweile ist Weigmann vom Priesteramt suspendiert worden und die Rentenzahlungen an ihn wurden eingestellt.

7 Geld regiert die Welt

2 Unsere Sprache: Wo wir gerade von Geld sprechen

(Self-study Booklet page 14)

Hören Sie sich die Aussagen von Studenten in vier deutschsprachigen Gebieten mehrmals an und achten Sie auf die verschiedenen Akzente.

1 **Kamilla aus der Schweiz:** Dass ich in den Ferien arbeiten muss, finde ich nicht schlimm – mein Job macht mir viel Spaß!
2 **Carsten aus Mitteldeutschland:** Eintrittskarten kontrollieren ist nicht anstrengend. Und außerdem kann ich in den Pausen sogar noch für das Abitur lernen.
3 **Tanja aus Österreich:** Ein Zettel am schwarzen Brett des Supermarkts, auf Spielplätzen oder in Kindergärten – und schon bekommst du Aufträge!
4 **Joel aus Süddeutschland:** Die Arbeit ist ziemlich anstrengend, besonders samstagabends, aber ohne meinen Nebenjob könnte ich nicht studieren.

4 Wahnsinnsreportage!

(Self-study Booklet page 15)

Wahnsinnsreporter unterwegs. Rufen Sie uns an und sagen Sie „Stimmt" oder „Stimmt nicht". Der erste Anrufer mit der richtigen Antwort kassiert DM 1500. Hier ist unsere Wahnsinnsreportage.

– So, hier ist sie, und es geht los. Mit den Frauencafés, Frauenparkplätzen und Frauentaxis, das kennen Sie, das gibt's schon überall. Das neueste, das nur für Frauen reserviert ist, kommt aus der Stadt Marl und ist Thema unserer heutigen Wahnsinnsreportage. DM 1500 können Sie gewinnen, wenn Sie mir jetzt sagen, ob der folgende Bericht wahr oder gelogen ist.

Die Wahnsinnsreportage aus ‚Guten Morgen Deutschland' heute, Karsten Knapp und Michael Rading mussten in Marl vom Fahrrad steigen …

– Fahrrad-Macker jetzt vom Sattel hauen. Dieser hier fährt zwar auf dem Fahrradweg, aber er fährt auf dem falschen. Diese Spur ist nur den Frauen vorbehalten, dafür gibt's im westfälischen Marl ein Knöllchen: DM 20 und Abmarsch auf die andere Straßenseite. Über 120 Frauenwege sind jetzt eingerichtet, gekennzeichnet durch ein besonderes Symbol: Das Damenrad. (Ohne Stange, versteht sich.) Kein Bürokratenscherz, sondern Ergebnis umfangreicher Beobachtungen.

– Dass also männliche Radfahrer schneller sind, Frauen etwas langsamer, und da haben wir uns überlegt, dass wir die eine Straßenseite hier als Radwege für die Frauen freigeben und auf der anderen Seite den Radweg für die Männer freigeben.

– Emanzipation total, und endlich herrschen Ruhe und Ordnung auf den Radwegen, aber die Meinungen der Marler gehen noch weit auseinander.

– … ja, richtig toll, dass die Frauen ja endlich auch damit berücksichtigt werden.

– Und ist es auch jetzt angenehmer auf den Frauenradwegen?

– Auf jeden Fall!

– Quatsch ist das! Sinnlos! Blödsinn! Ein Radweg ist ein Radweg, ob das ein Herrenfahrrad ist oder ein Damenfahrrad ist. Fahrrad ist Fahrrad. Ist ja Unsinn, meine ich. Müssten doch die Kinder auch fahren können und die Männer … .

– Ich finde es also ehrlich gesagt nicht gut, wenn man mit seiner Freundin jetzt fährt oder so, soll die Freundin zum Beispiel auf der linken Seite fahren und die Herren auf der rechten Seite. Also, ich bin der Meinung für mich oder für jeden: Fahrradwege, wo er fahren will.

– Also, jede Menge ungelöster Probleme, aber die Marler Verkehrsplaner arbeiten daran. Und dann wird auch die Frage geklärt: Wo fährt dann die Dame auf dem Herrenrad? Die Marler Polizei jedenfalls sucht bislang vergeblich im Gesetzesblatt. Aber ein Anfang ist zumindest gemacht.

– In Marl hier rollen die Räder der Gleichberechtigung also schneller. Bleibt abzuwarten, ob sich andere Städte diesem Beispiel anschließen können – oder glauben Sie uns unsere Geschichte etwa nicht? Sie müssen sich jetzt entscheiden … .

– Ja, so hat die Stadt Marl tatsächlich Fahrradwege für Frauen eingerichtet oder nicht? Das geht um DM 1500!!

6 Hilfe für die Armen von Guatemala

(Self-study Booklet page 15)

Im El Quiché-Gebiet in Guatemala leiden über 80 Prozent der Bevölkerung unter extremer Armut. Die Bauern besitzen nur wenig Land, das kaum zum Überleben reicht. Zudem hat gerade hier die Gewalt des Militärs in der Zeit des Bürgerkriegs unvorstellbare Opfer gefordert. Die Menschen sind nicht nur arm, sie haben auch unendlich viel Leid erfahren. Vor diesem Hintergrund arbeitet der deutsche Wohltätigkeitsverein ‚Misereor' an einem dreiteiligen Partnerschaftsprojekt um diesen Ärmsten der Armen zu helfen …

Beim ersten Schwerpunkt, der Wasserversorgung, werden zehn Wasserversorgungssysteme gebaut, durch die 31 weit verstreut liegende Gemeinden sauberes Trinkwasser erhalten. Die Gemeinden helfen nicht nur beim Bau dieser Systeme. In einem beispielhaften Selbsthilfeprojekt bilden sie auch ein Wasserkomitee, das sowohl für die Planung und Erhaltung zuständig ist als auch für die Wiederaufforstung und Bodenschutz im Quellengebiet.

Der zweite Schwerpunkt ist die Gesundheitsvorsorge. Die große Armut, die schlechte Ernährungssituation und die schwierigen Wege zu den Dörfern haben eine hohe Sterblichkeitsrate – vor allem bei Kindern – zur Folge. Die Gesundheitsarbeit umfasst traditionelle Heilmethoden und stellt auch erforderliche Medikamente zur Verfügung. Aufklärung, Beratung und Vorbeugung sind die Basis der Verbesserung des Gesundheitszustandes der Menschen.

Zur Gesundheitsvorsorge gehört auch die psychologische Aufarbeitung der Gewalt, die viele im Bürgerkrieg erlitten haben. Deshalb ist der dritte Schwerpunkt die Menschenrechtsarbeit. Durch Versöhnungsarbeit mit psychologischer Beratung können beide Seiten lernen, einander zu verstehen und zusammen für eine bessere Zukunft zu arbeiten.

8 Die Medien

2 Weihnachtsgeschenke

(Self-study Booklet page 16)

Köln – Ein eigener Fernseher steht ganz oben auf der Wunschliste der Kinder. Zwei Wochen vor Weihnachten berichtete der Hauptverband des Deutschen Einzelhandels am Mittwoch in Köln unter Berufung auf eine Verbraucheranalyse der Verlagsgruppe Axel Springer, zwei Drittel der Kinder von sechs bis 17 Jahren wünschten sich eine eigene Glotze. Fast die gleiche Zahl träume von einem Videorekorder, mehr als ein Viertel von einem eigenen Computer. Dagegen liegen ,klassische' Geschenke weit abgeschlagen auf den hinteren Plätzen der Wunschliste. Nur jedes zehnte Kind wünscht sich ein Fahrrad. Gerade sieben Prozent der Befragten liebäugeln mit einer elektrischen Eisenbahn. Fünf Prozent hätten gern neue Puppen und nur 3,4% ein Pupppenhaus.

4 Werbetricks

(Self-study Booklet page 17)

Nummer 1: Mit jeder Dusche läuft Ihre Haut Gefahr, ein Stück ihrer natürlichen Schutzfunktion zu verlieren: leider für immer. Das neue ,Art' verhindert das Auslaugen Ihrer Haut, denn es enthält natürlich schützendes Rosenwachs; ,Art' macht Ihre Haut dadurch fühlbar zart und geschmeidig. Neu: ,Art' Badekosmetik mit schützendem Rosenwachs.

Nummer 2:
1. **Mann:** Was ist einem amerikanischen Footballspieler am liebsten?
2. **Mann:** *71 steaks for the tigers!*
1. **Mann:** Richtig! T-Bone Steaks. Und was essen sie am liebsten dazu?
3. **Mann:** *Heinz Ketchup, what else?*
4. **Mann:** *Of course, Heinz Ketchup.*
5. **Mann:** *Oh Mister, it's Heinz Ketchup.*
1. **Mann:** Und was sagt der Kapitän zu Heinz Ketchup?
Kapitän: *Great!*
1. **Mann:** Tja, für amerikanische Footballspieler gibts nur eins.
Alle: *We all love Heinz Ketchup.*
1. **Mann:** Original Heinz Ketchup, seit über 100 Jahren der beliebteste Ketschup Amerikas. Natürlich gibt's Heinz Ketchup auch in Deutschland.
Kapitän: *Great!*

Nummer 3: Es gibt einen Menschen in Ihrer Nähe, der lässt Sie nicht im Stich. Er steht Ihnen bei, wenn Sie anderen versehentlich Schaden zufügen. Er sorgt dafür, dass Sie keine finanziellen Nachteile erleiden. Wer das ist? Ihr Allianz-Fachmann natürlich. Rufen Sie noch gleich mal an. Sie finden ihn im Telefonbuch unter A wie Allianz. Wenn Sie mit ihm über eine Allianz-Haftpflichtversicherung reden, wissen Sie, was eine Allianz für Sie wert ist: eine Allianz fürs Leben.

Nummer 4: Einfach ein paar Eier mehr nahmen badische Hausfrauen bei der Zubereitung ihrer hausgemachten Nudeln für festliche Gelegenheiten, und wenn es den Gästen dann besonders gut schmeckte, sagten sie: „Der sind ja richtige Hochzeitsnudeln". Heute nehmen

Hausfrauen Zerbler Hochzeitsnudeln. Denn Zerbler Hochzeitsnudeln werden nach gleichen altem Brauch hergestellt. Und so schmecken sie auch. Zerbler Hochzeitsnudeln machen den Alltag zum Festtag.

Nummer 5: AOK!
Interviewer: Frau Professor von Stein, Radfahren soll schön machen?
Frau Professor: Unbedingt. Radfahren kräftigt den Latissimus, den Septiceps, und die unteren Flottebereiche, und nicht zu vergessen, wenn die jungen Radler dann diese tollen strammen Hosen anhaben und die scharfen Brillen und …
Interviewer: Vielen Dank, Frau Professor. Mehr zum Thema gesundes Radfahren erfahren Sie bei der AOK. Am besten schnell vorbeikommen, eine Radbrille zum Nulltarif abholen und mit etwas Glück eine Weekend-Tour gewinnen.
Frauenstimme: Für euere Gesundheit machen wir uns stark. AOK. Die Gesundheitskasse.

5 Was in der Zeitung steht

(Self-study Booklet page 17)

Wie jeden Morgen war er pünktlich dran,
Seine Kollegen sah'n ihn fragend an:
„Sag mal, hast du noch nicht geseh'n, was in der Zeitung steht?"
Er schloss die Türe hinter sich,
Hängte Hut und Mantel in den Schrank, fein säuberlich,
Setzte sich: „Na woll'n wir erst mal sehn, was in der Zeitung steht!"
Und da stand es fett auf Seite zwei:
,Finanzskandal!' – sein Bild dabei
Und die Schlagzeile: ,Wie lang das wohl so weitergeht?!'
Er las den Text, und ihm war sofort klar:
Eine Verwechslung, nein, da war kein Wort von wahr,
Aber wie kann so etwas erlogen sein, was in der Zeitung steht?
…
Er eilte zur U-Bahn Station,
Jetzt wüssten es die Nachbarn schon,
Jetzt war's im ganzen Ort herum, was in der Zeitung steht.
Solang' die Kinder in der Schule war'n
Solange würden sie es vielleicht nicht erfahr'n
Aber irgendwer hat ihnen längst erzählt, was in der Zeitung steht.
Er wich den Leuten auf dem Bahnsteig aus, ihm schien
Die Blicke alle richteten sich nur auf ihn,
Der Mann im Kiosk da, der wusste Wort für Wort, was in der Zeitung steht.
Wie eine Welle war's, die über ihm zusammenschlug.
Wie die Erlösung kam der Vorortzug!
Du bist nie mehr ganz frei, das hängt dir ewig an, was in der Zeitung steht.
…
„Was woll'n sie eigentlich?" fragte der Redakteur,
„Verantwortung! Mann, wenn ich das schon hör'!
Die Leute müssen halt nicht gleich alles glauben, nur weil es in der Zeitung steht!
Na schön, so'ne Verwechslung kann schon mal passieren,
Da kannst du noch so sorgfältig recherchieren,
Mann, was glauben Sie, was Tag für Tag für'n Unfug in der Zeitung steht!"
„Ja", sagte der Chef vom Dienst, „das ist wirklich zu dumm.

8 Die Medien – fortgesetzt

Aber ehrlich, man bringt sich doch nicht gleich um,
Nur weil mal aus Verseh'n was in der Zeitung steht."
Die Gegendarstellung erschien am Abend schon
Fünf Zeilen mit dem Bedauern der Redaktion,
Aber Hand aufs Herz, wer liest, was so klein in der Zeitung
  steht?

9 Warum in aller Welt?

2 Aufbäumen gegen die Autobahn

(Self-study Booklet page 18)

An einem nebligen Samstagmorgen, wenige Tage vor
Weihnachten, trafen sich acht Leute in einem Wäldchen
in Breechen, einem kleinen Ort in Mecklenburg-
Vorpommern, auf dem Weg von Berlin nach Greifswald.
Sie wollten Bäume besetzen . . .

Es war die letzte Chance das Abholzen der Bäume zu
verhindern. Denn das ehemalige Gutswäldchen von
Breechen war schon so sehr geschrumpft, dass man es in
zehn Minuten umrunden konnte. Bald sollte es einer
vierspurigen Fahrbahn weichen: der Ostsee-Autobahn.

Die A20, ein ‚Verkehrsprojekt Deutscher Einheit', ist fast 5
Milliarden DM (bzw. ca. 2,50 Milliarden Euro) wert. Sie
soll das bevölkerungsarme Mecklenburg-Vorpommern
mit einer Infrastruktur-Offensive heben und eine
Verbindung zwischen dem Norden Deutschlands und
Polen schaffen.

Wegen seiner einmaligen Landschaft stand das ganze
Gebiet unter Naturschutz: ein Umstand, der weder den
Bauherren noch den Richtern sonderlich wichtig war. Sie
entschieden, auch ein gefälltes Wäldchen lässt sich
notfalls wieder aufforsten . . .

Am Montag Morgen, zwei Tage, nachdem die
Ökoaktivisten die Bäume besetzt hatten, rückten die
Waldarbeiter an. Mit Motorsägen und Bulldozern war der
Widerstand der Baumbesetzer schnell gebrochen, die
Arbeiter hatten wenig Skrupel.

Die Demonstranten wurden in Polizeigewahrsam
genommen oder kamen, im Falle eines 38-jährigen
Waldschützers, ins Krankenhaus. Viele der Bäume wurden
am Montag gefällt, weitere fielen am zweiten
Weihnachtsfeiertag. Kurz nach Jahreswechsel gehörte der
Gutspark von Breechen der Vergangenheit an.

5 Ein Auto für die Umwelt!

(Self-study Booklet page 19)

Max, unser neuer Opel Astra ist da! Als Limousine, mit
großem Kofferraum, Seitenaufprallschutz, Gurtstraffer.
Damit zeig ich dir Paris, Mailand … Du atmest saubere
Luft, denn unser Astra hat einen Reinluftfilter . . . und
später wird unser Auto zurückgenommen um es zu
recyceln … für die Umwelt. Na, wie gefällt dir das?

Der neue Opel Astra als Limousine – eine Generation
voraus. Jetzt bei Ihrem freundlichen Opel-Händler.

6 Greenpeace handelt!

(Self-study Booklet page 19)

Das Greenpeace-Schiff ‚Rainbow Warrior' versperrte einen
Zufahrtskanal zum Verladehafen des Unternehmens
‚Arakus'. Laut Greenpeace ist der Zellulosehersteller einer
der größten Umweltverschmutzer Brasiliens. Mehr als
10 000 Hektar Urwald an der Küste seien abgeholzt
worden, um dort Eukalyptusplantagen anzulegen. Die
Greenpeace-Aktion steht in Zusammenhang mit dem
bevorstehenden Umweltgipfel in Rio.

10   Alle Menschen sind gleich...

1 Arbeitsgelegenheiten für Asylbewerber!

(Self-study Booklet page 20)

Wiesbaden: In Hessen dürfen künftige Asylbewerber eine Berufsausbildung beginnen. Der hessische Innenminister Gunther sagte: „Vor allem die jugendlichen Asylbewerber sollten ihre Zeit in Deutschland so sinnvoll wie möglich nutzen." Aus einer begonnenen Berufsausbildung kann nach Worten des Ministers kein Bleiberecht abgeleitet werden. Wird ein Asylantrag abgelehnt, muss der Betroffene die Lehre abbrechen und ausreisen.

4 Sprachkurse fördern Integration

(Self-study Booklet page 21)

Das Bundesarbeitsministerium fördert seit 1975 Deutsch-Sprachkurse für ausländische Arbeitnehmer und deren Familienangehörige aus EU-Mitgliedstaaten und den Anwerbestaaten Türkei, Marokko, Tunesien und dem ehemaligen Jugoslawien sowie für ehemalige Vertragsarbeitnehmer der früheren DDR aus Angola, Mosambik und Vietnam. Ziel der Sprachkurse ist die Förderung der sozialen und beruflichen Integration von ausländischen Mitbürgern. Der Sprachunterricht wird immer an die Bedürfnisse der Teilnehmer angepasst.

1997 hat das Bundesarbeitsministerium insgesamt fast 25 Millionen Mark (12,5 Millionen Euros) für die Sprachkursförderung bewilligt. Seit 1975 wurden damit insgesamt mehr als 465 Millionen Mark (232,5 Millionen Euros) für Sprachkurse zur Verfügung gestellt. 1998 wurden weitere 27 Millionen Mark (13,5 Millionen Euros) veranschlagt.

Nach dem kürzlich vorgelegten Geschäftsbericht des Sprachverbands haben im Kursjahr 1997 mehr als 61 200 Ausländer an einem Sprachkurs teilgenommen. Seit Beginn der Förderung im Jahr 1975 sind damit insgesamt fast 1,3 Millionen Teilnehmer zu verzeichnen. 1997 wurden mehr als 4550 Sprachkurse durchgeführt. Hiervon waren fast 1300 reine Frauenkurse. Die Gesamtzahl aller Kurse seit 1975 beträgt insgesamt rund 97 900.

11 Geschichte lebt!

1 Unsere Sprache: ‚Aussprache und Intonation'

(Self-study Booklet page 22)

1 Ich habe immer noch so etwas wie ein Schuldgefühl, wenn ich als Deutsche im Ausland bin.
2 Manchmal frage ich mich: Was haben wir heute damit zu tun?
3 Oft wird das Bild von den Deutschen immer noch durch Kriegsfilme beeinflusst.
4 Ich glaube, die Deutschen haben zu viele Schuldgefühle.
5 Es ist gar kein Wunder, dass uns nach so einer Vergangenheit der Stolz auf die eigene Nation fehlt.
6 Wir haben die Verantwortung, dass so etwas wie Hitler und die Nazis nicht wieder möglich wird.
7 Ältere Leute können doch stolz darauf sein, dass sie nach dem Krieg alles wieder aufgebaut haben.
8 Wir sind einfach hineingeboren worden in die 80er Jahre.

5 Über die kleine Holzbrücke

(Self-study Booklet page 23)

Das war so unvorstellbar, dass wir das nicht für voll nahmen. Aber in diesem Moment kam meine Oma aus dem Haus und wiederholte dabei die unfassbaren Worte: „Die Grenzen sind auf, sie haben es eben im Fernsehen gesagt."

Wir waren skeptisch, und irgendwie war uns auch komisch zumute. Natürlich fuhren wir gleich in Richtung Westen. Es war sehr viel Verkehr. Unser Auto mussten wir kurz vor Stapelburg parken. Von nun an ging es zu Fuß weiter. Mit uns gingen riesige Menschenmassen. Als wir kurz vor der Grenze waren, stoppten wir ganz automatisch und drehten uns noch einmal um. Es war alles so unglaublich. Eine richtige Grenzkontrolle gab es nicht. In Eckertal musste man über eine kleine Holzbrücke gehen. Und dann war man im Westen. Ein unbeschreibliches Gefühl.

Es waren viel Busse eingesetzt, die nach Bad Harzburg fuhren. Wir stiegen ein und fuhren los. In Bad Harzburg holten wir uns unser Begrüßungsgeld ab. Dann gingen wir einkaufen. Alles war so schön dekoriert. Wir kauften nicht viel. Nur Kleinigkeiten.

Zurück nahmen wir keinen Bus. Man hätte zu lange warten müssen. Wir gingen gute acht Kilometer zu Fuß, aber wir merkten das nicht.

12 Von mir aus ...

1 Eine große Persönlichkeit

(Self-study Booklet page 24)

Guten Tag meine Damen und Herren!

Mit einem Staatsakt in der Beethovenhalle hat das politische, wirtschaftliche und kulturelle Bonn heute Abschied vom früheren Bundespräsidenten Karl Carstens genommen. Er starb am Samstag im Alter von 77 Jahren. In seiner Traueransprache würdigte Carstens' Nachfolger im Amt, von Weizsäcker, den Verstorbenen als eine große Persönlichkeit, die überzeugend in ihrer Kompetenz gewesen sei.

von Weizsäcker: „Was in Deutschland nur allzu selten gelingt, vereinigte er in seiner Person: die Verbindung eigener wissenschaftlicher Erkenntnis mit staatlicher Praxis. Sie befähigte ihn zeitlebens, die Theorie auf den Prüfstand der Lebenswirklichkeit zu stellen, andererseits aber der Oberflächlichkeit des politischen Alltags mit durchdachtem Sachverstand zu begegnen. Karl Carstens war eine noble Persönlichkeit. Mit sicherem Stil und mit Würde hat er unserem Land gedient. Er hat uns auf vorbildliche Weise nach Außen vertreten und im Inneren zusammengehalten. Er hat uns einen guten Weg gewiesen ..."

5 Europa wird eins

(Self-study Booklet page 25)

Nummer 1: Ja, im Prinzip ist das natürlich eine gute Idee. In der Praxis aber bezweifle ich, ob das zu verwirklichen ist.

Nummer 2: Mir ist egal, was man mit anderen europäischen Ländern zu tun hat. Was geht das mich an?

Nummer 3: Europa bietet uns immer mehr Möglichkeiten – grenzenloses Lernen, Arbeiten und Reisen; die Chance, den eigenen Horizont zu erweitern. Ich freue mich schon riesig darauf, nächstes Jahr eine Lehre bei der Deutschen Bank in Paris anzufangen! Ich betrachte mich schon als Europäer und bin auch stolz darauf!

Nummer 4: Ja, wenn es sein muss ... . Eine Zukunft ohne die Einheit der EG könnte viel schlimmer sein ...

Nummer 5: Ich glaube, dass die verschiedenen Länder Europas zusammenarbeiten können um Frieden, Freiheit und eine gesunde Umwelt für unsere Kinder zu sichern.

Nummer 6: Meiner Meinung nach ist die EG für viele Probleme verantwortlich: zu viel Bürokratie bei der Arbeit, höhere Preise in den Läden und Überproduktion in der Landwirtschaft!

7 Wie mache ich mich fit für Europa?

(Self-study Booklet page 25)

Diskjockey: Als Arbeitsmarkt steht Europa uns zur Verfügung! Wer mobil ist, selbstbewusst und offen kann viel leichter als je zuvor in einem anderen Land Europas arbeiten! Aber wie machen wir uns für Europa fit? Bei mir im Studio heute ist Frau Isobel Reichert, Berufsberaterin für Jugendliche und mit besonderer Verantwortung für berufliche Aus- und Weiterbildung im Ausland. Hallo Isobel! Herzlich willkommen!

Isobel Reichert: Hallo!

DJ: Also, wie nütze ich persönlich die Chancen, die mir Europa bietet? Wie mache ich mich dafür fit?

IR: Ja, erstens würde ich sagen, dass Ihre Persönlichkeit oder besser gesagt die Persönlichkeit der jungen ‚Euro-Arbeiter' eine große Rolle spielt. Junge Leute, die im Ausland weiterkommen wollen, müssen unbedingt aufgeschlossen sein. Man muss bereit sein, sich einer anderen Kultur anzupassen, viel Neues zu lernen und neue Leute kennenzulernen. Ein bisschen Selbstbewusstsein kann einem schon helfen.

DJ: Und, nehmen wir an, dass die Persönlichkeit sozusagen ‚in Ordnung' ist – welche anderen Faktoren sind wichtig?

IR: Fremdsprachenkenntnisse sind natürlich sehr wichtig. Wer nicht schon eine Fremdsprache beherrscht, sollte sofort eine lernen! Das heißt nicht, dass man sie perfekt können muss. Hauptsache: Mann kann sich in den meisten alltäglichen Situationen im fremden Land zurechtfinden und ein Telefongespräch führen. Ein Schüler-beziehungsweise Studentenaustausch oder eine Interrailreise vor dem Betriebspraktikum verbessert die Sprachkenntnisse und erweitert das Wissen über andere Länder.

DJ: Und ein letzter Tipp für Zuhörer, die im Ausland arbeiten wollen?

IR: So viele Informationen wie möglich bei einer schriftlichen Bewerbung beifügen. Dazu gehören ein Passbild, ein tabellarischer Lebenslauf und womöglich Zeugniskopien. Alle Papiere sollten natürlich übersetzt und erklärt werden ...

DJ: Also, Isobel – vielen, vielen Dank. Wir machen jetzt eine kleine Pause um ein bisschen Musik zu hören und dann geht die Diskussion weiter, mit dem Phone-in um halb elf. Bis bald!

13 Unter dem Einfluss ...

1 Durch Brutalität auf dem Bildschirm beeinflusst

(Self-study Booklet page 26)

Im Fernsehen gibt es eine Fülle von Gewalt: nicht nur Aggression und Kämpfe, sondern auch Tod und Mord, Quälereien und Folter. Gestorben wird in Zeitlupe und in Großaufnahme. Bei Computerspielen geht es ebenfalls so. Wie in den Cartoons ist Kampf angesagt, Kampf mit allen Mitteln, die die Phantasie liefern kann. Übermenschliche Muskelkraft ist die Norm, Schusswaffen mit Laserstrahlen und anderen Tötungsmitteln sind an der Tagesordnung. Menschen werden weggeschmolzen, platt gewalzt, erschossen und zerstückelt. Hinzu kommen laute angsteinflößende Musik und unheimliche Kampfgeräusche ...

Wenn Kinder und Jugendliche mit solchen Gewaltdarstellungen auf dem Bildschirm konfrontiert werden, können sich Aggressionen aufstauen. Diese müssen früher oder später ,abgelassen' werden. Nicht selten passiert das durch Schreien und Toben, aber manchmal auch durch Schlagen und Kämpfe. Schlaflosigkeit und Angstzustände können auch eine mögliche Folge davon sein.

Werden zu viele Gewaltszenen gesehen, kann es dazu kommen, dass über Gewalt, ihre Ursachen und Folgen nicht mehr nachgedacht wird. Gewalt wird immer öfter als gegeben hingenommen und als Möglichkeit eigenen Verhaltens gesehen.

3 Der Staat kann nicht alles

(Self-study Booklet page 27)

Moderator:
Hamburgs Justizsenator über den Umgang mit jugendlichen Kriminellen:

Reporterin:
Sollten jugendliche Mehrfachtäter in geschlossenen Heimen untergebracht werden?

Justizsenator:
Schutz ist wichtig. Sicherheit durch Wegschließen junger Leute ist aber eine Selbsttäuschung der Gesellschaft. Irgendwann kommen sie wieder frei und sind danach meist noch untüchtiger, sich im Leben zurechtzufinden. Deshalb verzichten elf von 16 Bundesländern auf geschlossene Heime. Beschäftigungsprojekte, Therapie, Antigewalttraining oder Krisenintervention funktionieren hinter Mauern schlechter als etwa in betreuten Wohngruppen, sind dort allerdings auch nicht immer erfolgreich.

Reporterin:
Glauben Sie nicht, dass die Verurteilten über die milden Strafen nur lachen?

Justizsenator:
Nicht jedem, der nach außen lacht, ist auch im Innern zum Lachen. Strafrecht und Strafvollzug stehen am Ende einer Kette des Versagens der Straftäter, aber auch häufig ihrer Eltern, der Kindergärten, der Schule. Der Staat darf sich nicht drücken. Da aber der Strafvollzug den Sog ins kriminelle Milieu leider häufig verstärkt, sollten wir ohne ihn auskommen, solange es vertretbare Alternativen gibt.

Reporterin:
Ist die sogenannte Erlebnispädagogik mit Segeln vor Portugal und Holzhacken in Finnland eine Alternative?

Justizsenator:
Nicht als Ersatz für verdiente Strafe. Aber dann, wenn es hilft, Jugendliche aus einer belasteten Szene zu lösen, eine akute Krisensituation zu unterbrechen oder klare Regelabläufe zu lernen. Vor allem aber: Der Staat kann nicht alles. Harte Strafen sind Ausdruck seiner Ohnmacht: Er ist mit seinem Latein am Ende. Die Problemlösungen müssen dort gefunden werden, wo die Probleme entstehen: in die Gesellschaft, insbesondere in den sozialen Nahbereich. Deshalb ist der Täter-Opfer-Ausgleich wichtiger als das Wegschließen der Täter. Deshalb ist Drogensubstitution besser als das Abdrängen in die Begleitkriminalität. Deshalb ist präventive Jugendarbeit unverzichtbar. Als ultima ratio muss aber auch die Strafe bleiben.

4 Alkohol

(Self-study Booklet page 27)

Wir haben wieder die Nacht zum Tag gemacht.
Ich nehm mein Frühstück abends um acht.
Gedanken fließen zäh wie Kaugummi.
Mein Kopf ist schwer wie Blei, mir zittern die Knie.

Gelallte Schwüre in rotblauem Licht.
Vierzigprozentiges Gleichgewicht.
Graue Zellen in weicher Explosion.
Sonnenaufgangs- und Untergangsvision.

Was ist denn los, was ist passiert?
Ich hab bloß meine Nerven massiert.

Alkohol ist dein Sanitäter in der Not.
Alkohol ist dein Fallschirm und dein Rettungsboot.
Alkohol ist das Drahtseil, auf dem du stehst.
Alkohol, Alkohol.

Die Nobelszene träumt vom Kokain,
und auf dem Schulklo riecht's nach Gras.
Der Apotheker nimmt Valium und Speed,
und wenn es dunkel wird, greifen sie zum Glas.

Was ist denn los, was ist passiert?
Ich hab bloß meine Nerven massiert.

Alkohol ist dein Sanitäter in der Not.
Alkohol ist dein Fallschirm und dein Rettungsboot.
Alkohol ist das Drahtseil, auf dem du stehst.
Alkohol ist das Schiff, mit dem du untergehst.

Alkohol ist dein Sanitäter in der Not.
Alkohol ist dein Fallschirm und dein Rettungsboot ...

14 Heimat

2 Das deutsch-polnische Jugendwerk

(Self-study Booklet page 28)

Bereits viereinhalb Millionen junge Menschen aus Deutschland und Frankreich haben sich durch das deutsch-französische Jugendwerk kennengelernt. Das deutsch-polnische Jugendwerk will ähnliche Freundschaftsbeziehungen aufbauen. Caroline Stiebler berichtet:

Das Verhältnis zwischen Deutschland und seinem östlichen Nachbarstaat Polen ist traditionell schwierig. In den Köpfen vieler Deutscher existiert immer noch ein wenig realistisches Bild von den Polen. Sie gelten als stolz und freiheitsliebend, aber als finanziell erfolglos.

Aber auch die Vorstellungen der Polen über die Deutschen sind ein Zerrbild: Sie gelten als finanziell erfolgreich, aber als arrogant und autoritär.

Das deutsch-polnische Jugendwerk will solche Vorurteile abbauen. Jedoch wird es auch Schwierigkeiten geben. Zuerst wegen der Sprache. Junge Deutsche sprechen in der Regel kein Polnisch, und für polnische Schüler ist Deutsch erst in letzter Zeit als Fremdsprache interessant geworden.

Finanzen sind auch ein sensibles Thema; deutsche Schüler haben sehr viel mehr Geld als polnische. Deshalb ist es sehr wichtig, dass die Jugendlichen wenigstens während ihres Aufenhalts das gleiche Geld haben.

Laut des Jugendministeriums soll das Jugendwerk ein Beispiel für die Zusammenarbeit zwischen beiden Völkern geben. Die deutsche und polnische Jugend soll eine Chance erhalten, ihren eigenen Beitrag zum Verständnis in Europa zu leisten.

3 Meine Heimat

(Self-study Booklet page 28)

Interviewer: Und Sie, Olu, Sie wurden in Neuss bei Düsseldorf geboren, aber Ihr Vater kommt aus Nigeria. Was ist Heimat für Sie?

Olu: Also, ich war gerade ein Jahr alt, als meine Eltern sich entschlossen haben, nach Nigeria zu ziehen, in das Heimatland meines Vaters. Drei Jahre später ist die Familie nach Deutschland zurückgekommen, aber mein Vater ist da geblieben. Mit 12 habe ich mich entschieden, bei ihm zu leben, und bin, wie ich dachte, für immer nach Nigeria gegangen.

Interviewer: Wie lange sind Sie dann dort geblieben?

Olu: Nur zwei Jahre. Mein Denken und Fühlen war geprägt von meinem Leben in Deutschland. Ich liebe Nigeria, muss auch immer mal wieder hin – für mein seelisches Gleichgewicht. Aber wenn ich etwas Heimat nennen müsste, dann ist es Deutschland.

5 Deutsche in Australien

(Self-study Booklet page 29)

Im Jahre 1838 kamen die ersten deutschen Siedler nach Südaustralien. Friedrich der Dritte hatte sie wegen ihrer Religion verfolgt, und sie suchten eine neue Heimat.

Sie bauten die ersten Häuser in Klemzig und Hahndorf, nicht weit von Adelaide. Sie hatten die 40 km zwischen Adelaide und Hahndorf zu Fuß zurückgelegt, und am Anfang hatten sie nichts zu essen außer Känguru und Opossum. Bald begannen sie aber Gemüse und Milchprodukte wie in Deutschland zu erzeugen, und sie fühlten sich in Südaustralien sehr wohl. Es gab keine religiöse Verfolgung, keinen Wehrdienst und keine Arbeitslosigkeit. Außerdem war das Wetter viel besser als in Deutschland. Die Siedler schrieben viele Briefe nach Hause. Sie baten ihre Verwandten, auch nach Australien zu kommen. Deshalb emigrierten 10 000 Deutsche in den nächsten zwanzig Jahren nach Südaustralien. Sie suchten einen höheren Lebensstandard.

Der Erste Weltkrieg machte die Deutschen in Europa und auch in Australien unbeliebt. 69 deutsche Ortsnamen in Südaustralien wurden geändert, z.B. Hahndorf wurde in Ambleside und Bethanien wurde in Bethany umgetauft.

Im Zweiten Weltkrieg war es nicht viel anders. Man sprach Deutsch nur zu Hause und nie auf der Straße.

Jetzt ist das alles vorbei. Südaustralier sind heute stolz auf ihre deutsche Herkunft. Zahllose Touristen besuchen das Weingebiet im Barossa-Tal. Ambleside heißt wieder Hahndorf. Man macht alles mögliche, um die alten deutschen Traditionen zu erhalten. Es gibt deutsche Volkstanzgruppen, Musikgruppen und viele deutsche Sportvereine.

Außerdem ist heute Deutsch eine der stärksten Fremdsprachen an den staatlichen und privaten Schulen in Südaustralien.

6 Auch im Radio

(Self-study Booklet page 29)

a „Der Handel müsse besser überwacht werden. Die Bundesregierung müsse schnellstmöglich per Verordnung ein Moratorium beantragen. Das Verbot müsse gelten, bis die Ergebnisse des neuen Schnelltests vorlägen."

b Sie legte außerdem per Konsens fest, dass alle Entscheidungen in diesem Zusammenhang mit der Zweidrittelmehrheit getroffen werden dürfen. Nach Überzeugung vieler Kenner verringert das die Chance erheblich, einen Beschluss für die Erweiterung durchzubringen.

c Noch im Frühsommer drohte das strategisch wichtige Geschäft mit Aktien und Wertpapieren zusammenzubrechen, nachdem teuer eingekaufte US-Manager zur Konkurrenz abgewandert waren.

d Vom ersten Gipfeltreffen mit seinem deutschen Gegenüber Anfang kommender Woche in Potsdam erwarte er keine konkreten Ergebnisse.

e Die Transaktion umfasse auch das Management und die Mitarbeiter des bisherigen Lizenzpartners. Die geplante Übernahme bedürfe noch der eingehenden juristischen Prüfung, erklärte ein Pressesprecher.

15 Es liegt an uns

1 Eine Notwendigkeit?

(Self-study Booklet page 30)

Interviewer: Sind Tierversuche notwendig? Das ist die strittige Frage, die wir heute besprechen. Bei mir im Studio sind Dr. Michael Vogt, Sprecher des Bundesverbandes der Pharmazeutischen Industrie und Professor Dr. Toni Lindl, Leiter des Instituts für angewandte Zellkultur.

Also, Dr. Vogt, Sie unterstützen Tierversuche?

Dr. Vogt: Ja, zahllose Menschen verdanken ihr Leben der modernen Medizin – neuen Operationsmethoden, neuen Arzneimitteln und neuen Erkenntnissen über Krankheiten. Vieles davon haben Forscher durch wissenschaftliche Versuche mit Tieren erreicht. Ohne Tierversuche könnte es heute kaum neue Arzneimittel gegen Muskelschwund oder Herzerkrankungen geben.

Interviewer: Professor Lindl, was sagen Sie dazu?

Professor Lindl: Die Ergebnisse von Tierversuchen auf den Menschen zu übertragen, ist eine schlechte wissenschaftliche Methode. Bei vielen Arzneimitteln erkennt man erst bei der Anwendung auf den Menschen, dass unerwünschte Nebenwirkungen auftreten. Letzten Endes ist also immer der Mensch das Versuchskarnickel.

Interviewer: Stimmt es, dass bei solchen Versuchen die Tiere unsägliche Qualen erleiden?

Dr Vogt: Tatsächlich sind nur die wenigsten Versuche mit Schmerzen verbunden: Operative Eingriffe etwa müssen grundsätzlich unter Narkose durchgeführt werden. Die Haltung der Tiere und den Versuchsablauf überwacht der Amtstierarzt – er kontrolliert auch unangemeldet die Labors.

Professor Lindl: Aber man sollte keine schmerzhaften Versuche unternehmen. Die Tierversuche sollten nur so angewandt werden, dass sie die Tiere nicht belasten. Die Intention sollte sein: Wir tun alles vorher, was im Reagenzglas möglich ist, der Tierversuch sollte nur als Ausnahme zugelassen werden.

Interviewer: Kann man also Tierversuche durch Alternativmethoden einfach ersetzen?

Dr. Vogt: Die Arzneimittelindustrie investiert jährlich Millionen von Mark in Alternativmethoden. Wie aber der gesamte Organismus reagiert, kann auch ein Computer nicht vorhersagen. Zellen im Reagenzglas haben eben keinen Blutdruck und keine Verdauung.

Interviewer: Professor Lindl?

Professor Lindl: Die gleiche Summe, die bisher für Tierversuche ausgegeben wird, sollte meiner Meinung nach für Alternativmethoden verwendet werden, während für Tierversuche nur der kleine Rest bleibt. Dann wären in absehbarer Zeit Tierversuche kein Thema mehr.

Interviewer: Dr. Vogt, Professor Lindl, vielen Dank.

2 Gen-Mais-Verbot?

(Self-study Booklet page 30)

Hamburg: Ärzte und Mediziner sind besorgt über den **Einsatz** von Antibiotika-Resistenzgen in Gen-Mais. Greenpeace fordert von der Europäischen Kommission umgehend ein europaweites **Verbot** des Gen-Mais.

Laut Greenpeace liege das Risiko in der **Gefahr**, dass das eingebaute Antibiotika-Resistenzgen aus der Pflanze auf gesundheitsschädliche **Keime** übergehe. Werde Gen-Mais als Tierfutter oder als **Lebensmittel** verwendet, könne das Gen in krankheitserregenden Bakterien aufgenommen werden, die dann gegen **Antibiotika** immun wären.

Der französische Staatsrat (Conseil d'Etat) hatte wegen dieser **Bedenken** bereits im September dieses Jahres ein einstweiliges Verbot gegen Gen-Mais verhängt. „Eine Einschätzung der **Langzeiteffekte** auf die menschliche Gesundheit sei auf Basis der gelieferten Unterlagen nicht möglich." hieß es in der Urteilsbegründung.

3 Die Physiker

(Self-study Booklet page 30)

Sie hören Auszüge aus dem Theaterstück ‚Die Physiker' von Friedrich Dürrenmatt. Drei Wissenschaftler namens Einstein, Newton und Möbius streiten sich darum, ob sie für ihre Forschung und deren Folgen verantwortlich sind oder nicht. Zuerst hören Sie Newton und Einstein:

Newton: Ich weiß, man spricht heute von der Verantwortung der Physiker. Wir haben es auf einmal mit der Furcht zu tun und werden moralisch. Das ist Unsinn. Wir haben Pionierarbeit zu leisten und nichts außerdem. Ob die Menschheit den Weg zu gehen versteht, den wir ihr bahnen, ist ihre Sache, nicht die unsrige.

Einstein: Zugegeben. Wir haben Pionierarbeit zu leisten. Das ist auch meine Meinung. Doch dürfen wir die Verantwortung nicht ausklammern. Wir liefern der Menschheit gewaltige Machtmittel. Das gibt uns das Recht, Bedingungen zu stellen. Wir müssen Machtpolitiker werden, weil wir Physiker sind. Wir müssen entscheiden, zu wessen Gunsten wir unsere Wissenschaft anwenden, und ich habe mich entschieden.

Der dritte Physiker Möbius hat sich entschieden, sich freiwillig in ein Irrenhaus zu sperren. Da kann er seine Forschung ungestört weiterbetreiben, ohne zu fürchten, dass die Resultate für böse Zwecke benutzt werden könnten. Hier versucht er, die beiden anderen dazu zu überreden, mit ihm im Irrenhaus zu bleiben:

Möbius: Sind wenigstens Ihre Physiker frei?

Einstein: Da auch sie für die Landesverteidigung …

Möbius: Merkwürdig. Jeder preist mir eine andere Theorie an, doch die Realität, die man mir bietet, ist dieselbe: Ein Gefängnis. Da ziehe ich mein Irrenhaus vor. Es gibt mir wenigstens die Sicherheit, von Politikern nicht ausgenützt zu werden.

Einstein: Gewisse Risiken muss man schließlich eingehen.

Möbius: Es gibt Risiken, die man nie eingehen darf: Der Untergang der Menschheit ist ein solches.

15 Es liegt an uns – fortgesetzt

4 Wie ein Baum, den man fällt

(Self-study Booklet page 31)

Wenn's wirklich gar nicht anders geht,
Wenn mein Schrein schon beim Schreiner steht,
Wenn der so hastig daran sägt,
Als käm's auf eine Stunde an,
Wenn jeder Vorwand, jede List
Ihm zu entgehen vergebens ist,
Wenn ich, wie ich's auch dreh und bieg,
Den eigenen Tod nicht schwänzen kann,
Sich meine Blätter herbstlich färben,
Wenn's also wirklich angehen muss,
Hätt ich noch einen Wunsch zum Schluss:
Ich möchte im Stehen sterben.

Wie ein Baum, den man fällt,
Eine Ähre im Feld
Möcht ich im Stehen sterben.

Wenn ich dies' Haus verlassen soll,
Fürcht ich, geht das nicht würdevoll
– Ich habe viel zu gern gelebt,
Um demutsvoll bereitzustehen –
Die Gnade, die ich mir erbitt
Ich würd gern jenen letzten Schritt,
Wenn ich ihn nun mal gehen muss
Auf meinen eigenen Füssen gehen.
Eh' Gut und Böse um mich werben,
Eh' noch der große Streit ausbricht,
Ob Fegefeuer oder nicht,
Möcht ich im Stehen sterben.

Solutions

1 Wer sind wir?

1 🎧 Wer denkt was?
(Self-study Booklet page 2)

1 Verena
2 Simone
3 Manuela
4 Nicole
5 Marc/Nicole
6 Torsten
7 Susanne
8 Peter
9 Torsten
10 Marc
11 Susanne
12 Peter

3 🎧 Desperado
(Self-study Booklet page 2)

a reitest, **b** bist, **c** findest, **d** treibst, **e** hängt, **f** suchst, **g** weißt, **h** glänzt, **i** ist, **j** belügst, **k** wirst, **l** brechen, **m** nennen, **n** wird, **o** wirst

4 🎧 Werbespots
(Self-study Booklet page 3)

1 ist, wäscht sich, riecht, macht, sieht . . . aus, killt, hat, heißt, hat, hat, geht, geht.
2 liebe, kann, bin, ist, liebe, bringt, gelingt, bin, ist, bin.
3 muss, nehm (*colloquial form of* nehme), brennt, ist, ist, mögen.

5 Definitionen
(Self-study Booklet page 3)

a Wehrpflicht
b freigegeben
c religionsmündig
d Zivildienst
e strafmündig
f volljährig
g reif
h nur in Ausnahmefällen

6 🎧 Erwachsene
(Self-study Booklet page 3)

Erwachsene müssen ...
verständig und ordentlich sein / arbeiten / immer einen Ausweg wissen / nicht auf die eigenen Gefühle achten / selber auf sich aufpassen / selber für sich geradestehen
Erwachsene dürfen ...
keine Fehler machen / abends weggehen (wohin und wie lange sie wollen)
Erwachsene können ...
ins Gefängnis kommen / wählen

7 Stroh-Blumen-Kinder
(Self-study Booklet page 3)

a Äußerlich unterscheidet sich die junge Generation kaum von der Generation ihrer Eltern vor 25 Jahren.
b Mit dem kleinen Unterschied, dass Papa und Mama ganz schön tief in ihre Brieftaschen greifen müssen, um für eine Jeans mit Löchern einen Haufen Geld hinzulegen.
c Jugendliche sitzen mit übereinander geschlagenen Beinen in ‚etablierten‘ Schicki-Lokalen und reden über Gott und die Welt. Stopp. Besser gesagt ... und reden über Mode und neue Skandale.
d Träume und Hoffnungen verschwinden im Konsumrausch.
e Die Jugendlichen wissen jetzt, was man nur im Alter wissen sollte.

2 Zusammen oder allein?

1 Wie wichtig ist das Aussehen?

(Self-study Booklet page 4)

Wie wirkt man attraktiv? Wie macht man **einen** gut**en** Eindruck? Na klar, es gibt kein einzig**es** Rezept. **Ein** gepflegt**es** Aussehen ist oft wichtig, aber viele Leute haben witzig**e** Klamotten oder **einen** ganz seltsam**en** Haarschnitt und wirken trotzdem attraktiv. Es kann völlig egal sein, ob man **einen** schön**en** Körper hat oder nicht. Freundlich**e** Augen und **ein** sympathisch**es** Lachen spielen oft **eine** wichtiger**e** Rolle.

2 🎧 Phone-in

(Self-study Booklet page 4)

(Possible solutions, with marks in brackets)

a 1 Aus Rüsselsheim. (1)
2 Sie hasst / ihren künftigen Stiefvater. (2)
3 Er versucht den Chef zu spielen / und Monika alles vorzuschreiben.   (2)
4 Die Mutter kümmert sich nicht mehr so um Monika wie früher. / Sie meckert Monika sehr oft an / und wenn Monika traurig ist, fragt sie nicht, was los ist. (3)
5 Früher konnten Monika und ihre Mutter über alles reden. (1)
6 Monika glaubt nicht, dass sie es verkraftet, wenn ihre Mutter wieder heiratet. / Ihre Mutter ist fest entschlossen, diesen Mann zu heiraten. / Monika glaubt, dass ihre Mutter sie vernachlässigt. (3)

7 🎧 Familienleben?

(Self-study Booklet page 5)

2 c 1 That he is intruding into the relationship between her and her mother and is trying to take her mother away from her. (1)
2 Because Monika's mother loves her just as much as ever. (1)
3 The mother may well have less time for Monika now. (1)
4 That her mother needs love too. (1)
5 Monika should speak openly with her mother about her mother's relationship with this man. (1)
6 He should respect the fact that Monika is growing up / and is taking on more responsibility for herself. (2)

3 Gedächtnisübung!

(Self-study Booklet page 5)

c 1 Sie sind **u**nordentlich und nie p**ü**nktlich.
2 Sie haben einen P**u**tzfimmel.
3 Sie gehen **u**ngern z**u**m Arzt.
4 Sie sind z**u u**nentschlossen.
5 Sie erzählen z**u** wenig von ihrem Ber**u**f.
6 Sie f**ü**hren z**u** lange Telefongespräche.

6 Wortstellung

(Self-study Booklet page 5)

a Gestern bin ich mit meinen Freunden ins Kino gegangen.
b Er will die Wohnung nicht kaufen, weil sie zu teuer ist.
c Ich bin der Meinung, dass Jungen den ersten Schritt machen sollten.
d Wenn ich nach Hause komme, sehe ich fern.
e Weil Andreas Mutter getrunken hat, ist sie ins Heim gekommen.

	Die Tochter	Der Vater
Was will man am Wochenende machen?	will die Oma besuchen	will Volleyball spielen
Wo sollte die Großmutter wohnen?	bei der Familie zu Hause (in einer umgebauten Garage)	in einem Altersheim
Warum?	Es macht Spaß, Karten zu spielen, Bonbons zu essen usw.; man sieht die Oma jeden Tag; die Oma kann mit der Familie essen und fernsehen.	Nicht genug Platz zu Hause; die Oma ist nicht mehr so jung und wird schnell müde; viele nette Pflegerinnen im Heim; zu teuer, die Garage umzubauen; die Oma hat in ihrem Alter viele Freunde im Heim.
Was sagt man über das Verhältnis zwischen Alten und Jungen?	Alte Leute sind lieber mit jungen Leuten zusammen; sie bleiben dadurch jung.	Die Oma würde nicht gut mit Freunden der Familie auskommen; ihre Generation sieht die Welt anders.

Self-study Booklet

3 Pause machen!

3 Kopfgymnastik
(Self-study Booklet page 6)

Die Freunde treffen sich nur alle 420 Tage.

4 🎧 Urlaubscheckliste
(Self-study Booklet page 6)

c, a, d (or f), b, f (or d), e

5 ‚Konfrontation der Interessen: Deutschland'
(Self-study Booklet page 6)

a Touristen
b die Westler
c die Einheimischen
d eine Kampfzone
e eine amphibische Landschaft
f das Paradies
g Millionen von Menschen, die Einsamkeit suchen

6 🎧 Algenpest
(Self-study Booklet page 7)

Rensburg: Im **nord**friesischen Wattenmeer bilden sich wieder große Algenteppiche. **Experten** machen die Überdüngung der **Ostsee** dafür verantwortlich. In den vergangenen **Jahren** hatten die Algenteppiche das Leben in einigen Teilen der **Ostsee** ausgelöscht.

7 Grammatik – das Imperfekt
(Self-study Booklet page 7)

(Your report may include some of the following points.)

- Vor allem **hörten** die Deutschen in ihrer Freizeit Musik und **sahen** fern. Nur 11% der deutschen **gingen** regelmäßig in die Disko oder ins Kino.
- Die Deutschen Sportvereine zählten über 24 Millionen Mitglieder. 3,5 Millionen Kunden **frequentierten** im Jahr Deutschlands 5500 Fitnesscenter.
- Fast jeder vierte Deutsche **war** Mitglied eines Vereins.
- Museen, Kunstausstellungen, und Theater-, Konzert- und Opernführungen **besuchten** nur 6 Prozent.
- Im Gegensatz zu konsumintensiven Freizeitformen **machten** immer mehr Deutsche bei Bürgerinitiativen mit.
- Die Mannschafts- und Fun-Sportarten **gehörten** zu den absoluten Hits bei den deutschen Jugendlichen.
- Jedoch **waren** es die etablierten Sportarten Schwimmen, Fußball, Basketball und Volleyball die von deutschen Jugendlichen am meisten ausgeübt **wurden**.
- Absolut ‚out' bei deutschen Jugendlichen **waren** unspektakuläre Sportarten.

8 Der Spinnenmann
(Self-study Booklet page 7)

b, e, a, c, d

9 Stadtleben
(Self-study Booklet page 7)

Ich **bestaunte** die grellen Schaufenster. **War** in Gedanken versunken. **Merkte** gar nicht, dass jemand mich **ansprach**. Es **war** Angela. Sie **hatte** Ärger mit ihrem Chef heute im Geschäft **gehabt**. Ihr **stank**'s. So was **kannte** ich auch. Wir **beschlossen**, in die Wärme zu gehen. ,,Am besten in eine Beiz" **schlug** sie **vor**. Gut so. In einer rauchverseuchten Beiz **setzten** wir uns an einen Vierertisch. Ich **hatte** auch schon mal bessere Tischnachbarn **gehabt**. Verstohlene Blicke. Während ich mit meiner Kollegin belangloses Zeug **quatschte**, **betrachtete** ich die Restaurantbesucher.

4 Die Qual der Wahl?

1 🎧 Sieben Jahre Sinnloses gelernt?
(Self-study Booklet page 8)

a i F
  ii A
  iii D
  iv G
  v C
  vi E

b *Vorteile:* Nachher eine größere Motivation zu lernen; Sebastian wollte die verschwendeten Jahre nachholen und eine neue Perspektive kriegen; Schüler waren viel kritischer.

  Nachteile: Unterricht falsch; präsentiert wurde eine ideale Welt; Astrid wusste nichts über die USA, die Geschichte Europas vor 1900, die EG.

3 Fit für Europa!
(Self-study Booklet page 8)

(A summary / translation in English containing the following information.)

18 – 25 year olds living within the European Union who want to become involved in social or conservation work can do so for 6 – 12 months through the European youth programme. This is voluntary work and doesn't count as national service or an alternative to national service. It is not a language course either.

It involves unpaid work for a neighbouring European country's own project. The costs of the stay (i.e. board and lodging) are paid for, however, as are preparation costs, insurance cover and 'pocket money'. Futher details can be obtained from the address provided.

4 🎧 Studium im Ausland
(Self-study Booklet page 9)

Erasmus
1 Erasmus
2 Erasmus war ein europäischer Humanist, der schon zu Beginn des 16. Jahrhunderts quer durch Europa reiste, um in verschiedenen Ländern Vorlesungen zu halten. Seit 1987 bedeutet der Name auch ‚European Community Action Scheme for the Mobility of University Students' – ein EU-Austauschprogramm
3 • die Zusammenarbeit zwischen europäischen Hochschulen zu fördern
  • den Wunsch nach immer mehr polyglotten Studenten zu erfüllen
  • dass 10% der europäischen Studenten wenigstens ein Semester im Ausland verbringen
4 mehr als 180 000 Studenten EG-weit
5 3 – 12 Monate
6 Erasmus ist kein Vollstipendium. Wer mit dem Programm ins Ausland geht, muss einen Großteil der Kosten selbst tragen.

Leonardo
1 Leonardo
2 Dieses Programm ist nach dem Maler und Wissenschaftler Leonardo da Vinci benannt und ist ein europäisches Austauschprogramm im Bereich der beruflichen Bildung.
3 • Verbesserung der Fremdsprachenkenntnisse
  • Land und Leute kennenzulernen
  • dabei zusätzliche berufliche Qualifikationen zu erwerben
4 rund 15 000 Jugendliche jedes Jahr
5 Teilnehmer haben die Wahl zwischen einem kurzen Aufenthalt von drei bis zwölf Wochen oder einem langen Aufenthalt von drei bis neun Monaten.
6 Sie bekommen ein Stipendium mit monatlichen Zuschüssen für Unterkunft und Verpflegung sowie eine Fahrkostenbeteiligung und manchmal noch einen vorbereitenden Sprachkurs.

5 Die Wortwahl bei der Bewerbung
(Self-study Booklet page 9)

1 e
2 j
3 h
4 a
5 b
6 c
7 d
8 g
9 i
10 f

6 Adjektivendungen
(Self-study Booklet page 9)

(Possible solutions)

a Ich möchte einen interessanten Beruf in einer schönen Stadt, nicht weit von einem großen Flughafen.
b Nächstes Wochenende besuche ich meine alte / ehemalige Schule. Sie feiert ihren hundertsten Geburtstag und viele ehemalige Schüler werden da sein.
c Neue Firmen schaffen viele spannende Gelegenheiten für junge Leute / Jugendliche mit guten Qualifikationen.
d Ich kaufte einen billigen Computer und einige neue Spiele im großen Kaufhaus um die Ecke.
e Ich suche eine gute Stelle mit einem hohen Gehalt, weil ich eine kleine Wohnung möchte.

Solutions

5 Drück dich aus!

1 Musik aus der Türkei
(Self-study Booklet page 10)

a   täglich
b   Einwanderer
c   hören
d   kamen
e   Industrie
f   dritten
g   Gewohnheiten
h   Heimat
i   Ohr
j   meinen

2 Asphalt-Künstler – Weiteres
(Self-study Booklet page 10)

Name	Tätigkeit als Künstler	Ort des Auftretens	Gründe dafür, Straßenkünstler zu sein	Finanzielle Belohnung
Albrecht Winkler	Puppenspieler, bewegt seine Marionetten-figur Joschi zu klassischer Musik	an einem Platz am Berliner Kurfürstendamm	er war in einer finanziellen Notlage	deckt seine Miete und seinen Lebensunterhalt
Die ‚Highnumbers'	Rockband: Sänger, Gitarrist und Schlagzeuger	neben der Gedächtniskirche	sie machen Ferien in Berlin und wollen ihre Urlaubskasse aufbessern	nur 10 Mark!
Ingo und Silvia	Pflastermaler	unweit von der Gedächtniskirche	man hat die Freiheit, ohne Rücksicht auf Arbeitgeber zu verreisen	kein fest kalkulierbares Einkommen

4 Komponistenquiz
(Self-study Booklet page 10)

a   Beethoven
b   Mozart
c   Mozart
d   Beethoven
e   Mozart
f   Beethoven
g   Mozart
h   Beethoven
i   Mozart

5 Die Mühe lohnt sich
(Self-study Booklet page 10)

a   Falsch – ‚xyz' befasst sich nur mit Literatur.
b   Falsch – LesArt ist ein Veranstaltungsort für Kinder- und Jugendliteratur.
c   Richtig
d   Richtig
e   Falsch – sie interessiert sich für Literatur und wollte erste Erfahrungen als Redakteurin einer Schülerzeitung bekommen.
f   Richtig

g   Falsch – sie möchte später einen grafischen Beruf ausüben.
h   Falsch – er hat die Arbeit nach kurzer Zeit langweilig gefunden.

6 Bertolt Brecht – Biographie
(Self-study Booklet page 11)

(Suggested translation)
Eugen Friedrich Bertolt Brecht was born in Augsburg on 10th February 1898. He also went to school there. His opinions were often different from those of his teachers and he wasn't the best pupil in his class. In his 1916 report the following comments can be found: German – good, French – satisfactory, English – satisfactory, maths – satisfactory, gymnastics – good.

His friends were particularly important for the young Brecht. There was a real 'Brecht clique' with whom Brecht went to the theatre and to the country, ran through Augsburg at night and went on boat parties. Brecht often read poems aloud to his friends and accompanied himself on the guitar. Although he did not sing at all well, he sang with enthusiasm!

5 Drück dich aus! – fortgesetzt

As a pupil Bertolt Brecht was already writing poems and plays which he published in the school magazine. But who would have thought then that he would write many world famous literary pieces?

After his time at school Brecht studied philosophy and medicine. He then worked in the theatre in Berlin and Munich. When Hitler came to power in 1933 Brecht emigrated to Denmark and later to the United States. In 1949 he went back to Germany where he founded the famous Berlin Ensemble theatre. Brecht died in 1956 in Berlin, but his theatre is still there today.

7 ⌒ Präpositionen mit Präzision
(Self-study Booklet page 11)

1
a 4
b 9
c 11
d 1
e 8
f 12
g 10
h 5
i 2
j 7
k 3
l 6

2
a über
b über
c durch
d unter
e an
f ins
g auf
h durch
i in
j zum

6 Leib und Seele

1 Leben Vegetarier länger?
(Self-study Booklet page 12)

a For more than 11 years the German Centre for Research into Cancer has been studying almost 2000 vegetarians and followers of a whole-food diet.

b They seem to be much more healthy, as only half as many have died as would have been expected in a study of the same number of average members of the population. The vegetarians died far less frequently of heart and circulatory diseases and they also appeared less prone to various forms of cancer.

c A diet containing a small amount of meat and fish, rather than a totally vegetarian diet.

d There were few manual workers and trades people amongst the vegetarians in the study, which meant that the death rate was approx. 20% lower. In addition, many of the participants weighed less than the average citizen, and lower body weight is another factor which increases life expectancy.

3 Gedächtnisübung!
(Self-study Booklet page 12)

a gefährden
b gesundheitsschädlich
c Beim Verbrennen einer Zigarette
d krebserregende Stoffe
e der größere Teil des Rauchs
f in wesentlich höherer Konzentration
g schätzungsweise
h sterben an
i diese erschreckenden Zahlen
j in diesem Zusammenhang

4 🎧 Teufel Alkohol
(Self-study Booklet page 12)

a *(Possible solution)*
Ein 35-jähriger Mann machte unwissentlich einen Kneipenbummel von Berlin nach Bremen. Am Mittwoch Morgen fand die Polizei diesen Mann, als er im Geldautomatenraum einer Bremer Bank schlief. Die Polizisten weckten ihn, aber er war völlig orientierungslos und hatte keine Ahnung, wo er war. Sie nahmen ihn mit zur Polizeiwache, weil er so betrunken war. Langsam wurde er wieder nüchtern, aber er glaubte, dass er immer noch in Berlin war. Er bat die Polizisten, ihn wieder 'um die Ecke' nach Hause zu fahren und war fassungslos, als er entdeckte, dass er eigentlich in Bremen war. Niemand weiß, wie er die Reise von Berlin nach Bremen gemacht hatte!

5 Stress!
(Self-study Booklet page 13)

(Wording should convey the following ideas, but should not be lifted from the text and should therefore be different from the solutions below.)

a … weil die Stresshormone Adrenalin, Noradrelin und Testosteron und das Hormon Cortisol aktiviert werden.

b Unser Herzschlag wird schneller, Blutdruck und Sauerstoffverbrauch steigen, der Stoffwechsel wird angeregt.

c Positiv: Wir haben mehr Energie, sind konzentrierter und sogar kampfbereit. Negativ: Aber parallel dazu wird das Hormon Cortisol aktiviert, das unser Immunsystem schwächt und uns wieder auf den Boden holt.

d Überwiegt die Adrenalinproduktion, dann können wir Stress-Situationen meistern. Herrscht dagegen Cortisol vor, dann kapitulieren wir eher und sind anschließend anfälliger für Krankheiten.

e Ein gewisses Maß an positivem Stress wirkt als Motor des Lebens. Bei einer ‚Überdosis' aber setzt der Stress uns außergewöhnlichen Belastungen aus, die zu zahlreichen physischen und seelischen Schäden führen können.

6 🎧 Das Verschwinden einer Tochter
(Self-study Booklet page 13)

a Informationen über Katharina Verraudi
Beruf: Studentin
vermißt seit: vor 3 Jahren
Alter damals: 21 Jahre alt
Charakter: netter Mensch, hilfsbereit, offen, hat ihre Grundsätze gehabt
verschwunden mit: ihrer Freundin Heidi, einer Führerin der katholischen Pfadfinderschaft Europas
wahrscheinlicher Aufenthaltsort: bei einer Sekte in Furthwangen im Schwarzwald
Beweis dafür: Ihre Mutter hat Katharinas Worten entnommen, dass Katharina einer höheren Berufung gefolgt ist, dass sie Gott mehr gehorchen müsse als den Menschen. Sie sagte auch, eine priesterliche Person führt sie.
Reaktion kirchlicher Vertreter: Der Vorsitzende der deutschen Bischofskonferenz sagte, die Eltern könnten sich an die zuständige päpstliche Kommission wenden. Doch von dort kam keine Antwort. Der dortige Vertreter teilte später (auf wiederholte Anfrage eines Verwandten) mit, dass „Katharina volljährig sei und soweit uns bekannt ist, frei in ihrer Entscheidung."

7 Leserquiz!
(Self-study Booklet page 13)

(Solutions may differ in terms of the content and wording.)

a Wahrscheinlich am Ende des 19. Jahrhunderts auf der Schiffslinie Hamburg-Amerika, wo die Hauptspeise Fleischreste auf Brothälften war, die man irgendwann einfach zusammenklappen konnte.

b Nur wenn der Hund gegen sämtliche Fleischsorten allergisch ist.

c Tabak, Alkohol, Kaffee und Tee

d Ein Durchschnittshamburger enthält nicht so viele Kalorien wie eine Bratwurst mit Brötchen. Außerdem liefert er eine optimalere Menge an allen Nährstoffen als andere Fastfood-Lebensmittel.

e Im 17. Jahrhundert in Venedig

f Kartoffeln (gelblich-weiß, dampfend, mit Butter und Salz)

g Ein Marzipanschwein
h Mit fünf und mit 12

7   Geld regiert die Welt

1 a   Eine Frage des Budgets
(Self-study Booklet page 14)

1 Usually the rent is the largest item in a German student's budget. / It forms a quarter or even a third of the monthly outgoings. / Students who leave their parental home can live most economically in a hall of residence. / However, the number of places available is only sufficient for about 10% of all German students. / The open housing market is expensive – especially in the conurbations of Dresden, Hamburg, Munich, Düsseldorf und Berlin, where rents can often be three times higher.

2 Food expenditure is the second largest item in the student budget. / Over 40% of all students and more than a half of all students in halls of residence save on their food bill by eating in their university canteen.

3 Textbooks / stationery / travelling expenses / clothes / entertainment / and other miscellaneous expenses.

4 Students seldom cope without financial help. / Almost 90% of students receive money from their parents. / In addition to this financial support or, particularly in the former GDR states, in addition to a grant, a high number of students earn their own money. / Almost a third of all students increase their funds during term-time with a job. / In the holidays up to two thirds of all students have temporary jobs.

4 ⌒   Wahnsinnsreportage!
(Self-study Booklet page 15)

a Es gibt tatsächlich ein Piktogramm mit dem Damenfahrrad, aber nur als Kennzeichen der Radwege allgemein, nicht als Unterscheidung zwischen Damen- und Herrenfahrradwegen. Der Rest ist gelogen!

5 a   Leben von der Hand in den Mund
(Self-study Booklet page 15)

5, 3, 6, 2, 4, 1

6 ⌒   Hilfe für die Armen von Guatemala
(Self-study Booklet page 15)

a More than 80% of the population are suffering from the effects of extreme poverty.

Farmers have very little land and it's barely enough to survive on.

The military demanded unimaginable sacrifices during the civil war.

People are not simply poor, they have experienced immeasurable suffering.

Enormous poverty, poor nutrition and the difficult roads to the villages have all resulted in a high death rate – particularly amongst children.

b In a three-pronged partnership-project Misereor is helping the poorest of the poor with:

1 The water supply. Ten water distribution systems are being built, so that 31 far-flung communities can receive clean drinking water. The communities are helping with building these systems. In addition, in an exemplary self-help project, they are forming a water committee, which is responsible for the planning and maintainance of the systems as well as for reforestation and soil protection in the area of the water source.

2 Health care. The work in this area encompasses traditional healing methods and provides the necessary medicines. Education, advice and disease-prevention form the basis of improving the state of health of the population.

3 Human rights and enabling people to come to terms with the violence which many experienced in the civil war. As a result of reconciliation work in conjunction with therapy, both sides can learn to understand one another and to work together for a better future.

Solutions

8 Die Medien

1 Ist das Leben wirklich so?

(Self-study Booklet page 16)

1 Droge; **2** TV-Junkies an; **3** Umschalten; **4** Rezept;
5 Stoppuhr; **6** Kliffhänger; **7** Mehrteiler; **8** Story;
9 Elend; **10** Darsteller; **11** Einschaltquoten;
12 Zuschauerbindung

2 ∩ Weihnachtsgeschenke

(Self-study Booklet page 16)

Geschenk	Prozentsatz
Fernseher	33%
Videorekorder	33%
Computer	25%
Fahrrad	10%
Modelleisenbahn	7%
Puppe	5%
Puppenhaus	3,4%

3 Schlagzeilen

(Self-study Booklet page 17)

a   Werbung
b   Frauen
c   Banking
d   Papst
e   Neonazis

4 ∩ Werbetricks

(Self-study Booklet page 17)

1 e, **2** b, **3** d, **4** c, **5** a

5 Grammatik – die indirekte Rede

(Self-study Booklet page 17)

(Possible solutions)

B Laut einem Internetbericht, habe eine Gewerkschaft zum ersten Mal das Internet selbst in einer Tarifauseinandersetzung genutzt.

C Laut einem Internetbericht, habe ‚Burger King' zur Bundestagswahl eine eigene politische Partei gegründet. In Berlin leiste das ‚Dönernetzwerk' erste Hilfe für die kommende Regierung.

D Laut einem Internetbericht, habe man erstmals im Internet die Geburt eines Kindes live übertragen.

E Laut einem Internetbericht, sei gegen einem 40jährigen Arzt Anklage erhoben worden, er habe im Internet Darstellungen von Kinderpornographie und Folterungen an Menschen verbreitet.

F Laut einem Internetbericht, nutzen Rechtsextremisten in Deutschland zunehmend das Internet für ihre Aktivitäten. Inzwischen seien 90 Homepages deutscher Rechtsextremisten bekannt.

G Laut einem Internetbericht, sei die 16jährige Chiara Del Lama die erste italienische Schülerin, die ihre Schulpflicht über das Internet erfülle.

6 ∩ Was in der Zeitung steht

(Self-study Booklet page 17)

a   Er entdeckt, dass die Zeitung einen unwahren Bericht über ihn und einen Finanzskandal gedruckt hat.

b   **1** der Redakteur **2** so eine Verwechslung kann schon mal passieren, da kannst du noch so sorgfältig recherchieren **3** was glauben Sie, was für ein Unfug Tag für Tag in der Zeitung steht **4** Gegendarstellung

9 Warum in aller Welt?

1 Mit Vollgas weiter

(Self-study Booklet page 18)

a, d, f, h, i

3 Gedächtnisübung!

(Self-study Booklet page 19)

a   Atomkraftwerke setzen kein Kohlendioxid frei.
b   rund ein Drittel des deutschen Strombedarfs
c   wegen der hohen Sicherheitsanforderungen
d   Atommüll wird in speziellen Castor-Behältern transportiert.
e   Das ist weder sicher noch umweltschonend.
f   Der Reaktorunfall in Tschernobyl war Beweis dafür.
g   rings um die atomare Wiederaufbereitungsanlage Sellafield
h   der Ausstieg aus der Atomenergie
i   die Beseitigung hochradioaktiver Abfälle
j   Es bestehen Zweifel an der Eignung des Salzstocks in Gorleben.

4 Von der Schule zum Zukunftszentrum

(Self-study Booklet page 19)

a   4, 6, 2, 5, 1, 3

5 ∩ Ein Auto für die Umwelt!

(Self-study Booklet page 19)

Man kann ihn recyceln. Weitere Vorteile: großer Kofferraum, Seitenaufprallschutz, Gurtstraffer, Reinluftfilter.

10 Alle Menschen sind gleich ...

1 🎧 Arbeitsgelegenheiten für Asylbewerber
(Self-study Booklet page 20)

a i eine Berufsausbildung
ii ihre Zeit in Deutschland so sinnvoll wie möglich
iii kein Bleiberecht abgeleitet
iv abbrechen und ausreisen

b i In Hessen future asylum seekers will be able to begin vocational training.
ii Above all, young asylum seekers should make good use of their time in Germany.
iii According to the minister, the fact that asylum seekers have begun training does not automatically mean that they can stay in Germany.
iv If an application for asylum is rejected, the asylum seeker in question must interrupt his training and leave Germany.

2 Vokabelselbsttest
(Self-study Booklet page 20)

1 der Ausländer
2 der Gastarbeiter
3 der Flüchtling
4 die Verfolgung
5 die europäische Gemeinschaft
6 der Asylbewerber
7 das Herkunftsland
8 der Bürgerkrieg
9 arbeitslos
10 die Gesamtbevölkerung
11 stammen aus
12 die Mehrheit
13 anwerben
14 die Staatsangehörigkeit
15 das Abkommen

3 Ausländerquiz
(Self-study Booklet page 20)

1 (über) 7 Millionen
2 In den 50er Jahren
3 Mit Italien
4 Der Anwerbestopp – d.h., es durften keine neuen ausländischen Arbeitskräfte angeworben werden.
5 Aus der Türkei
6 Drei von: Schweden, Dänemark, Österreich, Großbritannien, Frankreich, Griechenland, Spanien
7 Billionen Mark
8 80 DM pro Monat Taschengeld
9 Wählen
10 In Sammelunterkünften oder ehemaligen Kasernen

4 🎧 Sprachkurse fördern Integration
(Self-study Booklet page 21)

a 1 1975
2 fast 25 Millionen Mark
3 mehr als 465 Millionen Mark
4 27 Millionen Mark
5 mehr als 61 200
6 1,3 Millionen
7 Es gab 1300 Kurse für Frauen.
8 Rund 97 000

5 Der Kampf um Gleichberechtigung
(Self-study Booklet page 21)

1 Gesetz
2 Familie
3 Scheidung
4 verdient
5 Arbeitsrecht
6 Lohn
7 Namen
8 Gleichberechtigung
9 schwangere
10 strafbar

6 Wiederholung des Konditionals
(Self-study Booklet page 21)

1 Wenn sie nicht gefahren wäre, wäre ich nicht in die Kneipe gegangen.
2 Wenn ich die Zeit gehabt hätte, wäre ich ins Kino gegangen.
3 Hättest du ihn besucht, wenn du in München geblieben wärst?
4 Was hättest du gemacht, wenn sie die Polizei angerufen hätten?
5 Wenn sie den Fahrradfahrer nicht gesehen hätte, hätte sie ihn getötet.
6 Wenn Peter mir nicht geholfen hätte, hätte ich den Aufsatz nicht schreiben können.
7 Sie hätten das nicht sagen sollen. *or* Das hätten sie nicht sagen sollen – es war taktlos.
8 Du hättest früher kommen sollen – dein Mittagessen ist kalt.
9 Wenn mein Bruder nichts gesagt hätte, hätte ich mein Zimmer nicht aufräumen müssen.
10 Ich wusste nicht, dass du müde warst – du hättest etwas sagen sollen!

11 Geschichte lebt!

2 Das ist Unsinn, oder?
(Self-study Booklet page 22)

January 1943

My dear parents,

We were in the Red October factory in Stalingrad, close to the Russians. We have gradually got to know our enemy and in the lulls between the battles, we would shout over to them: have you got any butter or meat? They shouted back that they had salted herrings and a few other things. So we wrapped a bit of bread up in an old sheet of canvas and threw it over to them and they threw back something else for us to eat.

Naturally we shouldn't have been doing it, but they were just as hungry as we were. At the start we were shooting at each other and we ended up throwing bread. It's nonsensical but then again, war itself is nonsensical, isn't it?

Yours, Hubert

3 Der Schwarzmarkt
(Self-study Booklet page 22)

1	2	3	4	5	6
f	a	e	b	d	c

4 Erinnerungen
(Self-study Booklet page 23)

c; e; f; h; i

5 🎧 Über die kleine Holzbrücke
(Self-study Booklet page 23)

1 a Richtig
   b Richtig
   c Richtig
   d Falsch
   e Richtig
   f Richtig
   g Falsch
   h Falsch

6 Adjektivnomen
(Self-study Booklet page 23)

1 Die Deutsch**en** sind immer noch die bösen Nazis.
2 Im Oktober 1929 waren über sechs Millionen Deutsch**e** ohne Arbeit.
3 Viele Deutsch**e** dachten, man hätte ein Recht auf das Saargebiet.
4 Die ‚Besserwessis' sind die arroganten Westdeutsch**en**.
5 Wenn man Deutschland und die Deutsch**en** heute verstehen will, muss man erst einmal die deutsche Geschichte verstehen.
6 Nicht alle Deutsch**en** sind mit der Wiedervereinigung zufrieden.

12   Von mir aus ...

1 🎧 **Eine große Persönlichkeit**
(Self-study Booklet page 24)

,,Was in Deutschland nur allzu selten gelingt, vereinigte er in seiner Person: die Verbindung eigener wissenschaftlicher Erkenntnis mit **staatlicher** Praxis. Sie befähigte ihn zeitlebens, die Theorie auf den Prüfstand der **Lebenswirklichkeit** zu stellen, andererseits aber der **Oberflächlichkeit** des politischen Alltags mit durchdachtem **Sachverstand** zu begegnen. Karl Carstens war eine **noble** Persönlichkeit. Mit sicherem **Stil** und mit **Würde** hat er unserem Land gedient. Er hat uns auf **vorbildliche** Weise nach Außen vertreten und im Inneren zusammengehalten. Er hat uns einen guten **Weg** gewiesen ...''

2 ✎ **Parteidefinitionen**
(Self-study Booklet page 24)

a   die SPD
b   die CDU
c   die PDS
d   die FDP
e   die Grünen

4 **Die Macht des Wählers**
(Self-study Booklet page 24)

d

5 🎧 **Europa wird eins**
(Self-study Booklet page 25)

1 Pessimismus
2 Apathie
3 Euphorie
4 Resignation
5 Optimismus
6 Unmut

7 🎧 **Wie mache ich mich fit für Europa?**
(Self-study Booklet page 25)

* **Persönlichkeit**
  Man muss aufgeschlossen sein.
  Man muss bereit sein, sich einer anderen Kultur anzupassen.
  Ein bisschen Selbstbewustein kann einem schon helfen.
* **Sprachkenntnisse**
  Wer nicht schon eine Fremdsprache beherrscht, sollte schnell eine lernen.
* **Auslandsaufenthalte**
  Ein Austausch oder eine Interrailreise verbessert und erweitert die Sprachkenntnisse.
* **Bewerbung und Papiere**
  Man sollte so viele Informationen wie möglich beifügen: Passbild, Lebenslauf und Zeugniskopien, alle übersetzt und erklärt.

13 Unter dem Einfluss ...

1 🎧 Durch Brutalität auf dem Bildschirm beeinflusst
(Self-study Booklet page 26)

i   F
ii D
iii H
iv A
v   E
vi B

2 Hinter den Statistiken
(Self-study Booklet page 26)

a   Men in Germany commit criminal offences approximately six times as often as women and adolescents commit offences more than twice as often as adults.

b   Overall since the mid 1980's there has been a decline in the number of criminal offences, but since the beginning of the 1990's the number of convictions of young men between the ages of 18 and 21 has markedly increased.

c   Children under the age of 14 cannot be prosecuted for criminal offences. Young people between the ages of 14 and 18 (and adolescents) who have committed offences are tried in accordance with the juvenile crime law. This places an emphasis on education. Young people are only imprisoned in the event of particularly serious or repeated offences.

3 🎧 Der Staat kann nicht alles
(Self-study Booklet page 27)

(Possible solutions in terms of content, but students should use their own wording.)

a   Obwohl Schutz der Öffentlichkeit wichtig ist, ist Sicherheit durch Wegschließen junger Leute eine Selbsttäuschung der Gesellschaft. Irgendwann kommen sie wieder frei und sind danach meist noch untüchtiger, sich im Leben zurechtzufinden.

b   Elf von 16 Bundesländern verzichten auf geschlossene Heime, weil Beschäftigungsprojekte, Therapie, Antigewalttraining oder Krisenintervention hinter Mauern nicht besonders erfolgreich sind.

c   Besser als geschlossene Heime sind betreute Wohngruppen.

d   Man sollte Strafvollzug möglichst vermeiden, weil er den Sog ins kriminelle Milieu häufig verstärkt.

e   Kontroverse Maßnahmen wie Segeln vor Portugal und Holzhacken in Finnland sind kein Ersatz für verdiente Strafe. Aber sie können helfen, Jugendliche aus einer belasteten Szene zu lösen, eine akute Krisensituation zu unterbrechen oder klare Regelabläufe zu lernen.

f   Wenn man die Probleme lösen will, muss man dorthin zurück, wo die Probleme entstehen: in die Gesellschaft, insbesondere in den sozialen Nahbereich. Deshalb ist der Täter-Opfer-Ausgleich wichtiger als das Wegschließen der Täter. Deshalb ist Drogensubstitution besser als das Abdrängen in die Begleitkriminalität. Deshalb ist präventive Jugendarbeit unverzichtbar.

4 🎧 Alkohol
(Self-study Booklet page 27)

Any three of:
Sanitäter in der Not
Fallschirm
Rettungsboot
Drahtseil, auf dem du stehst
Schiff, mit dem du untergehst

6 Modellversuch zur Heroinabgabe
(Self-study Booklet page 27)

a
* Die Abgabe von Heroin an Schwerstabhängige vergrößert die Vielfalt der Therapieansätze.
* In der Schweiz ist dadurch eine deutliche Verbesserung des körperlichen Zustands der Drogenabhängigen zu verzeichnen.
* Dazu ist es zu einer Verbesserung der sozialen Verhältnisse gekommen.
* Die Arbeitslosigkeit sank von 44 auf 20 Prozent.
* Rückläufig war auch der illegale Drogenkonsum.
* Modelle mit dieser Abgabe von Originalstoffen hatten positive Ergebnisse in der Schweiz sowie in England und in den Niederlanden.

b   Einige Leute meinen, die Abgabe von Heroin an Schwerstabhängige sei eine Kapitulation vor der Sucht.

(+ other criticisms provided by students)

14 Heimat

1 Stereotype
(Self-study Booklet page 28)

(For guidance only. There are often several ways of translating the same idea.)

Stereotypes

Everyone uses stereotypes sometimes.

Stereotypes are pre-fabricated images in our head.

We adopt these images from others without examining them ourselves.

Stereotypes make a complex world seem simpler.

They are to an extent helpful, because we always know too little.

They are dangerous, if they prevent us from learning from new experiences and changing our image of the world.

2 Das deutsch-polnische Jugendwerk
(Self-study Booklet page 28)

a 4,5 Millionen.
b Eine ähnliche Freundschaftsbeziehung aufbauen/Vorurteile abbauen.
c Stolz, freiheitsliebend, finanziell erfolglos.
d Finanziell erfolgreich, arrogant, autoritär.
e Junge Deutsche sprechen kein polnisch, junge Polen sprechen bis jetzt wenig deutsch.
f Deutsche Schüler haben sehr viel mehr Geld als polnische.
g Ein Beispiel der Zusammenarbeit zwischen beiden Völkern geben.
h Eine Chance, einen Beitrag zum Verständnis Europa zu leisten.

3 Meine Heimat
(Self-study Booklet page 28)

1 gerade
2 entschlossen
3 zurückgekommen
4 mich
5 dachte
6 geprägt
7 hin
8 Gleichgewicht

4 Im Barossa-Tal, Australien
(Self-study Booklet page 28)

a 30 Weingüter, 30 Millionen Liter Wein pro Jahr
b Er spricht perfekt Deutsch.
c fördert die deutsche Sprache und Kultur; veranstaltet jedes Jahr ein Schützenfest.
d Hahndorf: cockerel village; Lobethal: valley of praise; Grunthal: green valley; Blumberg: flower mountain

5 Deutsche in Australien
(Self-study Booklet page 29)

a F 1838
b R
c F Gemüse und Milchprodukte
d F gern
e R
f F in vielen Schulen

6 Auch im Radio
(Self-study Booklet page 29)

Radiobericht	a	b	c	d	e
Nummer des Zeitungsartikels	6	5	4	1	2

7 Kriegsgegner oder Friedensfreunde?
(Self-study Booklet page 29)

b, a, e, d, c

15 Es liegt an uns

1 🎧 Eine Notwendigkeit?
(Self-study Booklet page 30)

1	2	3	4	5	6
e	c	b	f	a	d

2 🎧 Gen-Mais-Verbot?
(Self-study Booklet page 30)

Gen-Mais-Verbot?
Hamburg: Ärzte und Mediziner sind besorgt über den **Einsatz** von Antibiotika-Resistenzgen in Gen-Mais. Greenpeace fordert von der Europäischen Kommission umgehend ein europaweites **Verbot** des Gen-Mais.

Laut Greenpeace liege das Risiko in der **Gefahr**, dass das eingebaute Antibiotika-Resistenzgen aus der Pflanze auf gesundheitsschädliche **Keime** übergehe. Werde Gen-Mais als Tierfutter oder als **Lebensmittel** verwendet, könne das Gen in krankheitserregenden Bakterien aufgenommen werden, die dann gegen **Antibiotika** immun wären.

Der französiche Staatsrat (Conseil d'Etat) hatte wegen dieser **Bedenken** bereits im September dieses Jahres ein einstweiliges Verbot gegen Gen-Mais verhängt. „Eine Einschätzung der **Langzeiteffekte** auf die menschliche Gesundheit sei auf Basis der gelieferten Unterlagen nicht möglich." hieß es in der Urteilsbegründung.

3 🎧 Die Physiker
(Self-study Booklet page 30)

a Wir haben **Pionierarbeit zu leisten** und nichts außerdem. Ob die Menschheit den Weg zu gehen versteht, den wir ihr bahnen, ist ihre Sache, nicht die unsrige.
b Doch dürfen wir die **Verantwortung nicht ausklammern**. Wir liefern der Menschheit gewaltige Machtmittel. Das gibt uns das Recht, Bedingungen zu stellen.
c Wir müssen entscheiden, **zu wessen Gunsten** wir unsere Wissenschaft anwenden.
d Es gibt Risiken, die man nie eingehen darf. Der **Untergang der Menschheit** ist ein solches.

4 🎧 Wie ein Baum, den man fällt
(Self-study Booklet page 31)

a, d, i

5 Die Unschuldigen tragen die Last des Krieges
(Self-study Booklet page 31)

- There have been more than 167 wars since 1945.
- Since 1945, 20 million people have died and many millions have been injured in wars.
- Today 90% of all casualties of war are civilians and 90% of them are women, children and the elderly.